Ingrid Bachér
Sieh da, das Alter

Ingrid Bachér

Sieh da, das Alter

Tagebuch einer Annäherung

Dittrich Verlag

Dieses Buch wurde gefördert von der
KUNSTSTIFTUNG ○ NRW

Bibliographische Information Der Deutschen Bibliothek
Die Deutsche Bibliothek verzeichnet diese Publikation in der Deutschen Nationalbibliographie; detaillierte bibliographische Daten sind im Internet über <http://dnb.ddb.de> abrufbar.

ISBN 3-920862-49-X

©DittrichVerlag, 2003

Lektorat: Julia Kuschmann
Umschlaggestaltung: Guido Klütsch

www.dittrich-verlag.de

*Und doch muß das Leben ein großes Privileg sein,
wenn wir es mit dem Tod bezahlen müssen.*
Imre Kertész

Für Micheline, Adrian und Benjamin

Juli – Dezember 2001

JULI

10.7. Bagnoregio. Es ist Sommer und ich bin in Italien und die Frage nach dem Alter ist nicht mehr zu umgehen. Lange Zeit hatte ich mich daran gewöhnt, zu den Jüngeren zu gehören, für die das Alter ein entlegener Bezirk ist. Ich sah, wie Eltern, Verwandte und Freunde dorthin übersiedelten und hörte ihre Nachrichten und Rufe, ohne dass ich recht darauf zu antworten wusste. Ich las Bücher über die Zustände, so nah dem Absturz, und sah Bilder von Menschen, die von dem Klima dort gezeichnet waren. Ich nahm das alles wahr, aber nur von weitem, so wie man Bewegungen in einem Land beobachtet, das unzugänglich hinter einer geschlossenen Grenze liegt. Dann, eines Tages, öffnete es sich auch für mich. Aber es vergingen wieder Monate und Jahre bis ich begriff, dass ich schon zu seinen Einwohnern zählte. Noch hoffte ich, nicht alt zu erscheinen, trug leuchtend farbige Schals und mischte mich unter die Jungen. Dabei hatte ich die Grenze längst überschritten. Ich meinte zu wissen, dass das Alter ein rauer Landstrich ist, in dem Einsamkeit und Krankheit drohen und Zukunft ein Wort ist, das sich mit Tod verbindet. Doch wusste ich nicht wirklich, was mich erwartet.

12.7. Heiter und jung sind die Menschen auf den sanft glühenden Fresken in den Grabkammern der

Etrusker, nah bei Tarquinia. Sie tanzen und musizieren und begleiten den Toten, der würdevoll Abschied nimmt. Auch er ist in den Darstellungen jung, als wäre der Zustand des Lebens unveränderbar. So zeigt sich die Vollkommenheit des geliebten und genossenen Lebens. Zeitlos göttlich wirken die Bilder. In Übereinstimmung sind die Menschen mit dem, was sie umgibt, den Bäumen und Früchten, den fliegenden Fischen und Wellen des Meeres und endlich mit dem Wechsel in ein Jenseits, dessen Licht so schön wie das diesseitige sein wird ...

Einige Kilometer entfernt von den Tanzenden (und doch gehören sie zu ihnen) liegen im Hof des Museums der Stadt etruskische Skulpturen auf Sarkophagen. Männer, naturalistisch behäbig schwer, vom Leben geformt, das sie führten, genusssüchtig, machtgierig, bereit sich zu behaupten. Das Alter zeigt sich so im Triumph, das Leben gut überstanden zu haben. Es sind persönliche Portraits von Menschen, die vor 2400 Jahren lebten. Sie sind nicht unähnlich einigen meiner Zeitgenossen, die ich tagtäglich treffen kann. Die Wiederkehr des Gleichen selbst nach so vielen Jahrhunderten ist das Gewohnte und so auch beruhigend. Doch mein Verlangen gilt den rätselhaft untrüglich schönen Gestalten, die selbst in der Dunkelheit der Erde befreit erscheinen. Sie stammen aus der Zeit, als die Menschheit noch jung war, unbefangen und generös in ihrer ungebrochenen Kraft, mit einer selbstverständlichen Leichtigkeit dem Tod gegenüber wie Kinder und sehr junge Menschen sie auch bei uns zuweilen haben. Das Glück der Nicht-Verängstigten. Eine Gegenwelt zu der des Alters. Das Leben – eine Möglichkeit, nicht ein Besitz.

Robert und ich haben die Malereien oft betrachtet. Wir sind zum Gebiet der alten Nekropole gefahren, von der nichts mehr erhalten ist, als eben diese unterirdischen, seit dem 19. Jahrhundert wieder entdeckten Grabkammern. Meistens wurden sie nur für einen Menschen in der Tiefe der Erde aus dem vulkanischen Boden herausgeschlagen. Die Wände, mit Stuck überzogen und bemalt, wurden zu luftigen Hüllen, zum farbigen Zelt, geschmückt mit Bildern des Lebens. Eine Darstellung all dessen, was den Toten erfreut hatte: der Tanz und die Jagd, das Fischen und Lieben. Anmutig und gelassen sind die Frauen und Männer, die Musikanten mit ihren Zimbeln und Doppelflöten und nackte Sklaven, die *ihre Nacktheit ungezwungener als ein Gewand tragen*, wie D. H. Lawrence einst schrieb. Reiter umringen den einen Raum, während im anderen ein Boot über die Wellen des Meeres gleitet und ein Junge von einem Felsen aus ins Wasser springt. Er verharrt beim Kopfsprung am Himmel. Eine theatralische Geste, der angehaltene Augenblick, bevor der von der Sonne gerötete Körper das kühle Wasser berühren und in es eintauchen wird. Delphine steigen empor und die Vögel zeigen den Himmel über den fragilen Bäumen. Blüten und Blätter werden zu Ornamenten, zu Bändern und Girlanden, die wie ein Fries den Raum umschließen. Ein kleiner Hund wuselt unter dem Tisch, auf dem ein Gastmahl stattfindet, während oben in der Spitze des Zeltes eine Gazelle von einem Löwen angesprungen wird. Eine Frau reicht ihrem Mann ein Ei und ein Jüngling hält in seiner hohlen Hand eine kleine Ente und bietet sie seiner Geliebten dar. Symbole der Unsterblichkeit und des männlichen Geschlechtes, für uns leicht verständlich.

Andere Szenen bergen ein Geheimnis, das wir, mit der Art wie unser Denken ausgerichtet ist, nicht erfassen können.

Da ist ein fast nackter Mann mit verhülltem Kopf. Er versucht blindlings mit einer Keule einen Bluthund abzuwehren, der ihn anspringt und an einer langen Leine von einem sehenden Mann gehalten wird, der den Hund nicht hindert. Sondern im Gegenteil, durch die langen Schnüre der Leine, die sich schon um die Keule geschlungen haben, macht er den Angegriffenen wehrloser. Wir wissen, dies heißt das Phersu-Spiel. Mehr nicht. Vielleicht ist es ein Spiel, um die Geschicklichkeit zu üben, aber dafür wirkt es zu ernsthaft gefährlich. So könnte es der Vollzug einer Strafe sein oder die Herausforderung eines Gottesurteils. Möglich aber auch, dass es keine Trennung in unserem Sinne gab zwischen Spiel und Nicht-Spiel. So wie auch Tod und Leben Stationen des Wandels waren und nicht die Tiere geschieden von den Menschen, nicht die Götter von uns. Deutlich zeigen dies die Bilder, auf denen das Leben vorgeführt wird, wie es einst war.

Dabei bleiben die Gestalten für sich, wenden uns das Profil zu, verharren so ungestört in Beziehung miteinander. Wir bleiben die Zuschauer von geschlossenen Szenen. So ist alles uns nah und doch fern, ungezwungen einfach und kunstvoll zugleich, als wäre jeder und jedes an seinem Platz und wollte nichts anderes als Teil des Ganzen sein.

14.7. Früh am Morgen fuhr ich nach Tarquinia, um diesen fremden Gestalten wieder zu begegnen, wiederzusehen diese natürlichen und förmlichen Darstellungen einer Lebenslust, die den Tod mit einbezieht. Sie stärken in mir eine aufbegehrende Kraft und wecken die Zuversicht, dass es andere Ressourcen gibt als jene, die wir zu unserer Zeit ausbeuten. Wie wir Alter und Tod erfahren, ist abhängig von den Vorstellungen der Gesellschaft, die uns geprägt hat, und von unseren Fähigkeiten, diese zu verändern, um ein würdigeres Verhältnis zu unserem Leben zu bekommen. Heute wäre es mir notwendig zu hören, dass dies möglich sei, denn das Alter bedrückt mich zur Zeit – und dies, obwohl ich mir schon angewöhnt hatte, ruhig darüber zu sprechen, bereit, das natürliche Vergehen selbstverständlich zu nehmen … und was der Beschwichtigungen in solchen Fällen mehr sind. Das Bewusstsein redet uns ja immer gut zu, aber es ist gerade selber das, was uns Schmerzen bereitet.

Gegen Mittag, als ich fortfahre, sehe ich wie erwartet Heerscharen von Besuchern. Auch in der Gaststätte neben dem Kassenhäuschen ist Betrieb, und vor der Toilette bildet sich eine lange Schlange wartender Frauen. Sie schützen sich gegen die Sonne mit Hüten und Tüchern. Auf dem Parkplatz stehen dicht nebeneinander die Reisebusse vorwiegend mit römischen Nummernschildern. Ein schlanker Junge kassiert, eifrig von einem Fahrer zum anderen springend.

Abends treffe ich Robert in seinem Atelier, das er sich jedes Jahr im Sommer in den Räumen des ansonsten verlassenen Palazzo Agosti einrichtet. Er sitzt auf einem Stuhl einer Reihe von kleinen Bildern gegenüber, die er an die Wand gelehnt hat. Auch während er mit mir redet, hört er nicht auf, sie zu betrachten. Es sind Landschaften, auf wenige Formen reduziert. Geometrie in der Natur und fast schon zur Natur gewordene römische Ruinen. Schattenhaft Pinien und Zypressen, durchbrochen von der Glut des Lichtes. Daneben die Bögen eines Aquäduktes, die sich über die Campagna hinziehen, stehenden Läufern gleich, dem Blick Bewegung vorgebend, die nicht existiert. Bewegung und Stillstand. Als sei alles unserem Zeitmaß enthoben und immerwährend anwesend.

Später gehen wir gemeinsam die übliche Strecke auf der einen Straße vom Stadttor bis zur Brücke, die zur alten Etruskerstadt Civita führt, hin und zurück. Bagnoregio liegt auf einem schmalen Hügelkamm, besteht so nur aus zwei Straßenzügen. Ungenau wäre es, den Ort als Stadt zu bezeichnen, dafür ist er viel zu klein. Aber er ist auch kein Dorf, dafür viel zu städtisch. Auch ist er kein Bad, wo ein König weilte, wie der Name vermuten lassen könnte, sondern ein Ort, dessen historischer Kern geprägt ist von Kirchen, Kapellen und würdevollen Gebäuden, in denen ehemals Klöster waren oder Seminaristen unterrichtet wurden. Bagnoregio gehörte einst der Kirche, bis Italien vereint und der Kirchenstaat hier Geschichte wurde. Doch blieb die Vergangenheit anwesend. Die Form hält sich länger als das, was sie prägt. Es gibt einige Villen aus dem 17. und 18. Jahrhundert, die mit der Ruhe des Reichtums verschlossen hinter Mauern liegen, und es gibt verlassene Häuser, die – immer schlechter geschützt gegen den Einbruch von Regen und Wind – oft mitsamt ihrem Mobiliar langsam verfallen. Die Straßen sind stellenweise notdürftig ausgeflickt, wenn auch nicht mehr in dem miserablen Zustand wie zu der Zeit, als D.H. Lawrence durch diese Landschaft reiste. Mir gefällt dieser Zustand. Der Zerfall wird sichtbar, darf sein, wird nicht übertüncht, verborgen. Eine gute Umgebung, um über die eigene Vergänglichkeit nachzudenken.

15.7. Zeitzone Alter, überall anwesend und doch durchsetzt mit anderen. Es geht nicht darum, etwas Angenehmes am Altern zu finden oder das Scheußliche zu betonen. Das sind untaugliche Einteilungen. Meine Aufmerksamkeit auf das Leben lenken und was ihm abzugewinnen ist an Energie für das Ende.

Wie ein Refrain: immer wiederkehrend die alte Frau Marini, die ich regelmäßig pünktlich treffen kann, wenn sie mittags in das einzige zentrale Lokal unseres Ortes zum Essen geht oder vom Essen kommt. Sie ist immer allein. Im Sommer wohnen wir hier in diesem Haus, in dem sie früher zuerst mit ihren Eltern, dann mit ihrem Mann und den vier Kindern lebte. Jetzt sind die Verwandten tot oder kommen nicht mehr, um sie zu besuchen. Die Gleichmäßigkeit ihrer Gewohnheiten lässt sie das Alter ertragen. Ihr bleibt das Gespräch mit den Nachbarinnen und das tägliche kurze mit Fumatore, dem Wirt der Gaststätte. Wenn ich sie sehe, tauschen wir fast immer dieselben Sätze aus. Stets wirkt sie gleichmäßig ruhig und freundlich. Auf Fragen geht sie nicht ein, es sei denn, ich frage sie nach ihrer Gesundheit. Ich würde gern wissen, was sie sich noch wünscht, was sie noch begehrt. Wie verbringt sie die Tage allein in ihrer Wohnung, die langen Nachtstunden durchgezählt bis zum Morgen? Geheimnisvoll erscheint mir ihr Leben, selbst wenn es ganz banal sein sollte.

16.7. Gedankensprünge, Zeitsprünge. Cicero notierte im ersten Jahrhundert v. Chr., als er über den Unterschied zwischen der etruskischen und der römischen Lebensform nachdachte: *Da die Etrusker sich in allem mit den göttlichen Absichten verbunden sahen, waren sie überzeugt, dass Ereignisse nicht deswegen etwas bedeuten, weil sie stattgefunden haben, sondern dass sie stattfinden, um etwas zu bedeuten.* So war in allem Sinn und jede Phase des Lebens hatte ihre Bedeutung, die geehrt wurde. Und er findet ein Beispiel, um den Unterschied zwischen dem römischen und dem etruskischen Denken deutlich zu machen: *Wir glauben, dass der Blitz durch zusammenstoßende Wolken verursacht wird, während sie glauben, die Wolken stießen zusammen, um den Blitz zu erzeugen.*

Ich fange an, mir andere Beispiele zu suchen, bin dem römischen Denken ferner als dem etruskischen. D.H. Lawrence notierte zum Sieg der Römer über die Etrusker: *Die Römer saugten ihnen das Leben aus. Es scheint fast, als ob es der Widersetzlichkeit gegen das Leben, der Anmaßung und Überheblichkeit, wie die Römer sie kannten – einer Kraft, die notwendig moralisch ist oder die Moral als Deckmantel für ihre innere Verwerflichkeit mit sich führt, – immer gelänge, das natürliche Blühen des Lebens zu zerstören.* Lapidar fügte er hinzu, als wollte er die Hoffnung nicht beschweren, die ihm teuer war: *Und doch gibt es noch immer einige wilde Blumen und Geschöpfe.*

D.H. Lawrence schrieb dies vor fünfundsiebzig Jahren, in der Zeit, als er die noch ungeschützten Grabkammern von Tarquinia besuchte. Er war die mit Erde bedeckten Stufen in die Finsternis der Erde hinabgestiegen, begleitet von einem Bauern, der ihm mit einer Acetylenlampe leuchtete. In diesem leicht schwankenden Licht betrachtete er die Fresken, die wir jetzt perfekt konserviert und elektrisch ausgeleuchtet hinter einer Glasscheibe sehen können. Gefunden hatte er in den Darstellungen das, was er sein Leben lang suchte, das Glück eines ungestörten Zustandes, die Lust am orgiastischen Leben, gebändigt durch zeremonielle Formen und die Akzeptanz der Naturgesetze, in denen sich das Dasein manifestiert. Verlockende Utopien für uns. Doch die Frage ist, ob Utopien nur Widerspiegelungen sind von dem, was früher geschah, Projekte, die unsere Phantasie beschäftigen, nicht mehr einzulösen, da sie schon in der Vergangenheit realisiert wurden, oder ob sie als Möglichkeiten noch immer anwesend sind? Die Akzeptanz der Naturgesetze, die Lawrence bei den Etruskern bewunderte, führt mich wieder zu Cicero und zu dem, was er über ihre Vorstellungen schrieb. Nichts war absichtslos und sinnlos für die Etrusker. Was geschah, geschah, damit es etwas bedeutete. Die Folge war wichtig. Was sich ereignete, hatte Sinn, weil es auf etwas anderes hinwies. So blieb das Gefühl für die Abhängigkeiten immer gegenwärtig und die Gewissheit, verbunden zu sein mit allem, was existierte. Im Gegensatz dazu steht nun unsere Beliebigkeit, mit der wir so vieles betrachten und die uns dazu bringt, zwanghaft immer wieder alle Regeln und Gesetze zu verändern auf der Suche nach einer Verbindlichkeit, die wir längst aufgaben.

17.7. Abends auf dem Platz des heiligen Bonaventura (dem Doktor Seraphicus in Dantes *Göttlicher Komödie*, wie eine Tafel unterhalb des Denkmals des Heiligen verkündet) sitzen auf steinernen Bänken unter den gestutzten Bäumen alte Männer. Sie wurden in Gemeinschaft alt, reden hier miteinander wie vor vielen Jahrzehnten auf dem Pausenhof ihrer Schule. Ich sehe, wie sie sich darstellen. Deutlich wird, der eine ist der Rechthaberische. Er redet und reckt den Kopf in die Höhe und lässt sich nur schwer unterbrechen. Daneben der Stille, der kaum etwas sagt. Unwillig ein anderer und dann der immer Gedemütigte, dem niemand lange zuhört. Der Spaßvogel ihm zur Seite, der Verbindliche und der Verbissene ... Ich bleibe bei ihnen stehen, rede mit ihnen, werde zu einer Figur in diesem Spiel, in dem jeder seine Rolle hat.

18.7. In einer Fernsehsendung über die Bedeutung der Plätze und ihre Veränderungen in den alten italienischen Städten sehe ich einen Mann mittleren Alters, der auf der Piazza del Duomo in Orvieto steht. »Hier wurde ich getauft«, erklärt er und weist auf den Dom, »und hier möchte ich, wenn alles gut geht, beerdigt werden.« Der Mann weiß, wohin er gehört. Meine eigene Ortlosigkeit beunruhigt mich in solchen Momenten, gibt mir ein Gefühl der Instabilität. Auch fürchte ich, dass ich stärker an Menschen mich binde, weil ich keinen festen Ort habe, von dem ich sagen kann: hier ist die Kirche, in der ich getauft wurde, und hier in derselben Kirche wird eines Tages mein Sarg aufgebahrt stehen. Hier wird man Abschied von mir nehmen und sich an mich erinnern, an all das Alltägliche, was wir gemeinsam erlebten und wodurch wir miteinander bekannt wurden.

Ich hafte nicht im Vertrauten, komme nach Hause im scheinbar Fremden. Nicht anders geht es vielen

Freunden. Wenn ich fern bin, warte ich darauf, wieder hierher zu kommen, als gäbe es eine besondere Art der Verbindung zwischen dieser etruskischen Landschaft und mir. Es ist nicht das Überlieferte, das uns zum Unaustauschbaren wird, sondern es ist das Gefundene, Geliebte, das wir zum Einmaligen erklären. Bin ich hier, frag ich mich nie, warum ich nicht woanders bin. Ich bin angekommen.

Wenn ich aus Bagnoregio fortfahre, denke ich an die Worte Rilkes, als er Jannowitz verließ: *Wir waren froh miteinander* und *Wie schön es war, man wird anders davon, immer wieder anders.*

19.7. Auch das ist wahr: Italien ist verführerisch, gesättigt mit Vergänglichkeit. Schon viele unstet Herumreisende meinten, hier endlich angekommen zu sein. Später wird die Fremdheit stärker, je vertrauter einem dies latinische Land wird. Je mehr wir lieben, umso unergründlicher erweist sich das Geliebte.

Zum Alter gehört für viele meiner Freunde der dringliche Wunsch, noch einmal etwas zu schaffen, der Wille, etwas zu hinterlassen. Noch einmal etwas selber neu zu gestalten und dies in einem Alter, in dem man sich früher zurückzog. Die Kraft und die Sehnsucht ist noch ungebrochen bei denen, die im Leben Erfolg hatten. Die Pensions- oder Rentengrenze zählt da nicht. Freunde erzählten mir, dass sie ein Haus im Osten wieder zum Leben erwecken möchten, ein altes Herrenhaus im Mecklenburgischen, zu dem ein weitläufiger, nun völlig verwilderter Park gehört. In dieses Haus werden sie alles bringen, was sie gesammelt haben und was Wert für sie hat. Sie werden ein anderes Leben beginnen, mit dem Umbau des Hauses sich beschäftigen und den Park nach Lennéscher Manier wieder herrichten. Vielleicht auch im Sommer in dem großen Saal des Hauses Konzerte arrangieren oder Musikunterricht für die Jugend des Ortes organisieren, die zum größten Teil arbeitslos ist. Sie werden endlich – nun da sie alt sind – wurzeln, wie meine Freundin sagt, die am Ende des Krieges 1945 aus Schlesien geflüchtet war. Ihr Mann gibt seine Praxis auf. Sie verlassen Düsseldorf leichten Herzens. Ohnehin beruhen die meisten Freundschaften nicht mehr auf einer ständigen Anwesenheit, einem alltäglichen Austausch. Vielleicht gelingt es, dass wir uns einige Male im Jahr treffen können.

Ich denke an andere Freunde, die sich in der Toskana einen verlassenen Weiler mit sieben Häusern gekauft haben und nach und nach alle Häuser wieder instand setzten. Das ist ihre Altersarbeit. Auch ihnen gelingt es, aus der Ferne Freundschaften aufrechtzuerhalten, wenn auch nicht mehr in der selbstverständlichen Art, wie ich das noch als Kind erlebte, als man unangemeldet einfach zu Freunden oder Verwandten ging. Selbst wenn sie gerade nicht da waren, öffnete sich die Tür, weil immer irgendjemand in der Wohnung war. Wir kennen das kaum noch, das jemand unangemeldet kommt. Dabei haben wir wahrscheinlich mehr Namen in unserem Adressbuch verzeichnet als unsere Eltern es hatten, aber nicht so viele Menschen, mit denen uns ein vertrautes Verhältnis verbindet. Wir sind zu viel unterwegs. Dabei suchen wir einen Ort, der zu uns gehört und wählen ihn oft entfernt von den Freunden. Dringlicher als alles andere scheint uns zu sein, diesen Ort zu finden.

Meine alten Freunde schliefen zur Probe in dem verwahrlosten Gebäude in Mecklenburg, wo es durchs Dach regnete und die Fenster mit Brettern zugenagelt waren, die ersten Nächte im Schlafsack, um ein Gefühl für den Ort zu bekommen. Eines Morgens wussten sie dann, dass sie gefunden hatten, wonach sie so lange suchten. Heimat. Sie waren sicher, dies würde ihre Heimat sein. Vielleicht hatte es ein Leben gebraucht, um genau dies Anwesen in Mecklenburg zu wollen, oder den Weiler mit den sieben Häusern in Italien oder Roberts und meine Bleibe jetzt zwischen den grünen Tuffsteinhügeln der Etrusker und den Calanchi, deren kalkige Formationen sich wie steile Burgen aus dem Tal erheben.

20.7. Frei von den üblichen Geschäftigkeiten. Die Tage verlaufen in einem ruhigen, oft gleichförmigen Rhythmus. Morgens geht Robert ins Atelier und ich tippe in den Computer meine Notizen. Mittags essen wir bei Fumatore, reden mit Frau Marini über das Wetter, schlendern über den Platz vor der Kirche des heiligen Bonaventura. Kaffee nehmen wir in der Bar an dem Aussichtspunkt, wo nachts sich die Jugend trifft und das Denkmal für den Schriftsteller Bonaventura Tecchi steht, dessen Familie zu den drei reichsten des Ortes gehört. Sie besitzen gemeinsam den Steinbruch, der schon zur Römerzeit den sonst nirgendwo zu findenden Basaltino lieferte. Von diesem Aussichtspunkt sieht man Civita. (»Die Stadt, die stirbt«, wie es in der Werbung heißt, weil die Seiten des Plateaus, auf dem sie steht, immer weiter abgerutscht sind.) Davor ist die lange Fußgängerbrücke zu sehen, die dorthin führt, und rund herum das Panorama der latinischen Landschaft. Die weißen

Brüche der Calanchi, unbewachsene schroffe Erhebungen, die aus verwildertem Buschwerk aufsteigen. Unterhalb von Civita führt ein Tunnel durch den Tuffstein, auf dem der Rest des Ortes sich noch hält. Der Tunnel ist hoch und breit, vor mehr als zweitausend Jahren von den Etruskern gebaut. Gehen wir hindurch, für einige Minuten ihren Weg, gelangen wir ins östliche Tal, wo Felder und Gärten ansteigen nach Lubriano hinauf.

Pino, der Elektriker, Nachkomme der Etrusker, von dem wir zuerst von diesem Tunnel erfuhren, sagte, die Landschaft sei seine Heimat. Nicht wegen der Menschen bliebe er hier, sondern wegen der Landschaft. Sie ist älter, sie bindet ihn. Die Menschen gehören ihr an.

23.7. Nachts geträumt. Vage Vorstellung, dass ich in die vegetative Welt einsinke. Schlaf, Traum, Rückkehr zu einem pflanzenhaften Sein. Sonderbar ist, dass wir kaum noch mit Tieren leben, die nicht domestiziert sind. In der Stadt ist sogar ein Insekt selten in unserer Nähe. So das Staunen, als vor einigen Tagen eine Schlange aus einer mit Pflanzen überwucherten Wand uns fast vor die Füße fiel. Wir verharrten unwillkürlich in Panik vor dem zarten Tier, beobachteten mit der allergrößten Aufmerksamkeit, wie es unbeweglich liegen blieb und dann plötzlich fortglitt.

26.7. Heute hörte ich, dass Indro Montanelli, Schriftsteller und legendärer Journalist, in Rom gestorben ist. Noch mit 91 Jahren schrieb er seine Kolumne im *Corriere della sera*. Er wünschte, in dem kleinen Ort Fucecchio, in dem er geboren wurde und aufwuchs, begraben zu werden, wollte zurückkehren dorthin, wo er zuerst geborgen gewesen war. Dabei erinnerte ich mich an Leopold Kohr, Philosoph und Soziologe, der 1938 emigrieren musste und in London lebte. Als er sehr alt war, kurz vor seinem Tod, mietete er sich eine Wohnung in dem österreichischen Dorf, in dem er seine Kindheit verbracht hatte. Dort wollte er in seinen letzten Jahren noch einmal dieselben Wege gehen, die er mit seinen Eltern gegangen war, noch einmal das frühe Licht am Morgen sehen, wie zuerst in seinem Leben, und das Heraufkommen des Abends in diesem hölzernen, steinigen Dorf, aus dem er einst vertrieben worden war, und in das er dann doch nicht als Mieter zurückkam, sondern als Toter zurückgebracht wurde.

Ich bin nicht sicher, ob ich nach Lübeck zurückkehren möchte, die einzige Stadt, die mir in meiner Jugendzeit so etwas wie Heimat gewesen war, eingebunden in eine weitläufige Verwandtschaft. Nicht immer geliebt, aber ob geliebt oder nicht, spielt nun keine Rolle mehr. Wichtiger als alle Wertungen werden Nähe und Intensität der Erinnerungen. Wir lebten im Haus meines Großvaters. Aus dem Nachlass meiner Mutter habe ich sein Tagebuch aus dem letzten Jahr des Krieges bewahrt. 1945, da war er achtzig. Zwei Jahre hatte er noch zu leben, dann starb er an Unterernährung. Aufgebahrt wurde er im Esszimmer, das nie mehr geheizt wurde und in dessen einer Ecke ich sonst mein Bett hatte, da alle anderen Zimmer im Haus belegt waren. Sein Bruder Hans saß Tag und Nacht am Sarg meines Großvaters. Er saß ohne sich viel zu bewegen, die Hände ruhig auf dem Schoß und sang leise vor sich hin. Ein Beschränkter, einer der nichts verstand, so hieß es. Mein Großvater hatte ihn 1942 aus der Heilanstalt Lübeck-Ost geholt, bevor die Insassen fortgebracht und ermordet wurden. Danach arbeitete Hans für 20 Pfennige die Stunde im Garten seines Bruders. *Hans will immer essen, dabei haben wir selber nichts*, schrieb mein Großvater über ihn 1946 in seinem Tagebuch.

Das Lübecker Haus war nicht so geräumig, wie es mir in der Erinnerung blieb. Ursprünglich war es ein Sommerhaus gewesen, Ende des 19. Jahrhunderts gebaut für die wärmere Jahreszeit, wenn man nicht in der Stadt bleiben wollte und die Familien mit Sack und Pack aufs Land vor die Tore der Stadt zogen. Zu unserer Zeit lag es nur zwei Bushaltestellen entfernt von dem nicht mehr existierenden Mühlentor, gehörte also zur Stadt, war Teil von ihr. Später wurde es ständig bewohnt, aber hatte noch immer, obwohl zwei Kriege vergangen waren und die Besitzer mehrmals gewechselt hatten, diesen unaufdringlichen, leichten Charme, die Heiterkeit eines schönen alten Domizils. Nein, es war wirklich nicht groß, obwohl ich immer denke, es sei so gewesen. Es gab nur drei Zimmer unten im Parterre und drei im ersten Stock, keine Flure sondern freigiebige Dielenräume oben und unten. An der hinteren Seite des Hauses ein etwas mickriger Anbau, den ich damals romantisch fand, weil er im Gegensatz zum Haus nur enge Räume hatte und außen ganz mit wildem Wein bewachsen war, der die Fenster dicht umrankte. Im Anbau waren unten Küche und Speisekammer und oben das Bad und ein Schlafzimmer, für das der Schreiner zwei extra kurze Betten machen musste, weil sie sonst nicht hineingepasst hätten. In meiner Vorstellung hat das Haus vielleicht deswegen so vielfältige Räume, weil so viele und wechselnde Personen in der Endzeit des Krieges und der ersten Nachkriegszeit, in der ich dort lebte, in ihm Unterkunft fanden. Notquartiere für Durchreisende wurden manchmal sogar auf dem Dachboden eingerichtet, auf dem sonst die Wäsche getrocknet wurde und es einige Holzverschläge gab. In einem der Balken, der die Dachkonstruktion stützte, steckte ein Nagel, schwarz vom Blut der Hasen, die dort an zusammengebundenen Läufen aufgehängt wurden, bevor man ihnen das Fell über den Kopf zog.

Auch meine früheste Begegnung mit dem Alter gehört in die Erinnerung an diese Kriegsjahre in Lübeck. Wenn keiner in der Familie Zeit hatte, musste ich an den Feiertagen meine älteste Tante, Bertha, besuchen. (Sie lebte im selben Altersheim, einer altmodisch verwinkelten Villa, in der meine Mutter viel später das letzte Jahr ihres Lebens verbrachte.) Wann immer ich kam, war Bertha in ihrem Zimmer. Manchmal bewegte sie sich kaum, saß aufrecht auf der Kante ihres Lehnsessels in dem hohen, düsteren Raum, an dessen dunkelgrün tapezierten Wänden Bilder, halbblinde Spiegel und Fotografien nah beieinander und übereinander hingen. Hier sah ich, in einem prächtigen Rahmen gefasst, zum ersten Mal die römische Campagna, goldbraune Farben, grüngefleckt. Und karmesinrot das Gewand einer Frau, die am Rand des Bildes stand und in die Landschaft hineinsah. Wie auch ich es tat, sobald ich mich dem Bild gegenüber auf das Mahagonisofa gesetzt hatte, auf den glatten schwarzen Stoff aus Pferdehaaren, und meiner Tante zuhörte. »Der Tod hat mich vergessen«, erklärte sie und dies nicht klagend, sondern wie eine nüchterne Feststellung. »Der Tod hat mich vergessen.« Nachträglich erinnere ich nur diesen einen Satz von all dem, was sie mir sagte. Er beschäftigte mich lange, verwandelte er doch in meiner kindlichen Vorstellung ihr Zimmer in einen Raum, in dem sie bleiben musste, weil sie verabredet war. Ein geheimnisvoller Warteraum, erfüllt mit einem mir fremden Geruch, aus dem nur der Tod sie hinausführen konnte.

Mein Großvater hatte mir den Tod gezeigt, so wie er abgebildet worden war in der St. Marienkirche beim mittelalterlichen Totentanz. Demnach ein mit Tüchern bekleidetes Skelett, das lachte und hüpfte und an jeder seiner knochigen Hände einen Menschen führte. Es gab mehrere von ihnen auf dem Bild und ich nahm an, dass meine Tante Bertha einen von ihnen erwartete. Wenn ich bei ihr saß, überlegte ich mir, wie ich sie schützen könnte, falls er plötzlich eintreten würde. Andererseits ahnte ich, dass sie mich in dem Fall aus dem Zimmer schicken würde, so wie wir Kinder immer hinausgeschickt wurden, wenn wichtiger Besuch kam. Doch er kam noch lange nicht.

Sie starb erst einige Jahre nach dem Krieg. Die Marienkirche war inzwischen ausgebrannt und so auch der Totentanz vernichtet. Zu der Zeit war ich nicht mehr in Lübeck. Ich hörte nur davon, dass sie so plötzlich gestorben sei, als hätte jemand sie angerührt. Damit löste sich alles auf, was sich um sie herum verdichtet hatte an Gegenständen und Geschichten, an Bildern und Gerüchen, an Stoffen und Reflexen. Die Spiegel wurden verhängt und fortgetragen, das Mobiliar und die Bilder wurden verschenkt oder verkauft. Es verschwand der mit süßen Plätzchen gefüllte Eckschrank und die Silberkanne für den bitteren dicken Kakao, den sie mir in einer Goldrandtasse angeboten hatte, auf der ein Bild von Baden-Baden gemalt war, das Detail eines Kurgartens, in dem sie einst spazierenging, mit sechzehn oder siebzehn Jahren. Ein ungewöhnlich schönes Geschöpf soll sie gewesen sein. Sonst wusste ich nicht viel von ihr, nur noch, dass sie als junges Mädchen in Valparaiso bei einem Freund ihres Vaters gewesen war, um das Handelsgeschäft zu erlernen, und sich mit dem Sohn des Hauses verlobt hatte. Sie kehrte zurück und bereitete die Hochzeit vor. Sechs Monate später – und ich sehe sie im Brautkleid am Kai stehen – sollte der Bräutigam kommen. Doch als das Schiff im Hafen von Lübeck landete, war der Bräutigam nicht an Bord. Während der Fahrt hatte ihn ein Sturm über die Reling getragen und er war im Meer versunken. Von da an arbeitete Bertha im Kontor ihres Vaters. Als sie alt wurde, strickte sie für die Kinder der Familie Pullover. Von einem anderen Mann war niemals mehr die Rede.

Als ich 1960 zum ersten Mal durch die römische Campagna fuhr, erinnerte ich mich an das Bild, das ich als Kind bei ihr gesehen hatte. Nun stand ich in der Landschaft und hatte das Bild ihres Zimmers im Kopf. Ich sah so zuerst die Campagna, beeinflusst von der Sicht des Malers aus dem Beginn des neunzehnten Jahrhunderts, sah sie mit seiner romantisierenden Lust, sich zu versenken in eine arkadische Landschaft und das Erhabene vergangener Zeit gemildert ins Friedliche auszubreiten wie einen Stoff, der sich vor dem Betrachter entfaltete.

27.7. Im Alter die Verpflichtung, mich zu erinnern. Alles wieder und wieder erzählen, damit nicht vergessen wird, was gewesen war, damit es wirklich vorhanden gewesen war, denn wie, wenn es nicht beschrieben wird, kann man sicher sein, dass es wirklich geschah?

Eine dunkle Spur hinterließ in meiner Erinnerung das Bild der schwangeren Ratte. Im Winter 1945, als das Wasser im ganzen Haus in den alten Bleirohren gefroren war und sie sprengte und außer ein wenig Maisbrot nichts Essbares im Haus war, eben nachts, als ich ins Bett gehen wollte mit einer Kerze, weil der Strom wieder mal ausgefallen war, kam mir die schwangere Ratte entgegen. Gemächlich von einer Stufe zur anderen sich herunterschleppend, verharrte sie plötzlich erregt, und wir beide, das Tier und ich, sahen uns einen Augenblick lang an, unfähig etwas zu tun. Später verband ich diese Treppe in Gedanken mit der Ratte, sah sie wieder und wieder, wenn ich nachts nach Hause kam, mir entgegenkommen, hörte das schlappende Geräusch ihres Körpers von Stufe zu Stufe – und hatte immer wieder Angst, die Ratte käme aus einem der oberen Schlafzimmer. Wusste ich doch, dass Ratten in dem Haus am Mühlenteich sich nachts über eine meiner sehr alten Tanten hergemacht hatten. Mit Schaudern hatte ich die Bisse im Gesicht der Greisin gesehen, als sie Tage später zu Besuch kam. Ruhig saß sie bei uns im Zimmer und tat, als sei ihr nichts Außergewöhnliches geschehen. »Ach, Kind, die Bisse – ja eben, ich habe es nicht bemerkt ...«

28.7. Morgens, wenn wir an den See fahren, parken wir unter den Pinien neben dem Hotel NAIADI, einem leicht verkommenen Bau aus den fünfziger Jahren, liegen auf dem dunklen Lavastrand, zu dem jetzt immer mehr Menschen kommen. Waren wir vor vierzehn Tagen noch ziemlich allein hier, so legen nun einige Leute ihre Tücher schon am Vormittag näher an unsere heran. Trotzdem bleibt der Eindruck von Weite erhalten, weil die Bäume, die auf dem Strand stehen, so alt sind, der Strand so hart und der See vor uns so mächtig weitläufig schwebend, eine in sich vibrierende Fläche, in die wir hineingehen.

Die Veränderung des Körpers. Unsere Außenhaut, die wir zu Markte tragen, sorgfältig verpackt und jetzt noch sorgfältiger entblößt. An manchen Tagen sehe ich mich lieber angezogen als nackend. Der kleine Schal um den Hals, die dünnen Rollkragenpullover. Heute probierte ich Blusen an, nahm keine mehr mit kurzen Ärmeln. Robert machte Fotos von mir. Ich finde mich in ihnen nicht wieder, obwohl ich akzeptiere, dass ich es bin, die da auf dem Foto erscheint. Spreche mit Robert und meinem Freund Massimo über die Liebe im Alter, die Anziehung. Werden wir ausgemustert wie bei Federico Fellini im Film *8 1/2*, wenn die älteren Liebhaberinnen in das obere Stockwerk umziehen müssen, während der Mann unten im Haus mit der Peitsche steht, ein Dompteur, der nur noch die jungen Frauen zulässt?

Das Wort »noch« höre ich jetzt deutlicher heraus, wenn ich spreche. Ein Alterswort, vielleicht ein Passwort, um überall noch durchzukommen. Das Noch-Mögliche und das Zu-spät-Bedenken. Was geschah und was folgte aus dem, was geschah? Was war kalt? Was war heiß? Nicht mogeln. Was ging verloren und was bleibt? Auf welche Erinnerungen verlasse ich mich bei dieser Bestandsaufnahme auf abschüssigem Weg? Wie erkläre ich mir selber, was mir wichtig genug war, um das Leben dafür auszugeben, nun da ich nur noch Kleingeld in der Tasche habe? Soll ich jetzt wie ein Geizhals jede Augenblicksmünze mehrmals umdrehen, bevor ich zahle? Reicht es aus, großmütig zu bleiben und den Rest als Trinkgeld zu geben? Und warum immer dies Verlangen nach der ständigen Wiederholung der guten, ja, der nur halbwegs erträglichen Momente im Leben?

»Bitte, warten Sie einen kleinen Augenblick, Herr Henker«, sagte die Dubarry auf dem Schafott und sah sich noch einmal um.

29.7. Am See begeistern mich die schönen jungen Frauen, die meisten sind schmal und gepflegt, betont weiblich. Die Männer schwer wie junge Bullen, nachlässig gekleidet. Sie geben sich martialisch mit ihren kahl rasierten Köpfen. Sie wissen nichts von der Kraft der Haare, die sie später vermissen werden. Vor einigen Jahren noch waren sie überraschend schön mit ihren künstlich gelockten, dunklen Haaren.

Aber vor allem bemerke ich, dass ich unwillkürlich immer wieder auf die Alten achte, die so ungefähr aus meinem Jahrgang sein könnten. All die grauhaarigen Männer, die Frauen mit gefärbten Haaren. Sie sind so zahlreich, dass wir uns nicht grüßen. Dabei würde ich sie gerne fragen: Was bedeutet es Ihnen, so alt geworden zu sein? Oder: Wie erträgt man es, Macht zu verlieren, die man durch eine Position hatte? Was lässt man zurück, was hat man bewirkt? Ich beginne zu vergleichen, wie werden die anderen alt um mich herum? Was für Überlegungen haben sie, welche Hilfsmittel setzen sie ein, wie begegnen sie den endlosen Gedanken, die darum kreisen, keine Zukunft mehr zu haben?

Ich bleibe im Altersland, dessen Ansichten, Prospekte, Wege, Durchblicke, auch schöne Points de vue sich mir eröffnen, einerlei wo ich bin. Dabei steigen ungehinderter als früher Erinnerungen auf und besetzen die Plätze, die ich fürs Gegenwärtige reservierte. Ich bin schreibend ihnen nachgehend nie vor Überraschungen sicher, welche verschollenen Erlebnisse plötzlich neu erstehen. »Ich erinnere mich jetzt auch an das, was nie geschah«, sagte Leopold Kohr mir zum Abschied und sah mich wie aus weiter Entfernung zärtlich an. Damals wusste ich nicht, als ich ihn umarmte, dass ich ihn nie wieder treffen würde und er schon auf dem Weg war, aus unserer Zeitrechnung herauszugehen.

30.7. Lese immer wieder in Imre Kertészs Aufzeichnungen »Ich – ein anderer«, die merkwürdigerweise Roman genannt werden, mir wie ein Tagebuch erscheinen. Er wendet ruhig ins Tragische, was wir oft versuchen von Tragik freizuhalten, und so beschreibend erlöst er das Beschriebene – wenigstens für den Augenblick, da ich es lese. Notiere mir Sätze aus dem Buch, glücklich, verzweifelnd, zustimmend. Eben diesen: *Unzeitgemäß leben, das heißt tragisch leben, in den weitläufigen Dimensionen des einmaligen Seins und des unberechenbaren, schnellen Todes, wie jemand, dem zwischen zwei faden Kokon-Existenzen dieser einzigartige, kurze Sommer zuteil wird.*
Kokon-Existenzen. Ausbruch daraus durch Geburt und Tod. Aber wie viele Geburten und Tode innerhalb eines Lebens.

31.7. Abends Telefongespräch mit Jürgen Dahl, er hat sich entschlossen, nichts gegen seine Krankheit zu unternehmen. Er ist alt, er wird den Krebs gewähren lassen, sagt er und ich widerspreche ihm nicht. Es ist seine Entscheidung, keine Chemotherapie, keine Bestrahlungen.

»Ich habe ein Alter erreicht, das man früher biblisch nannte«, sagt er, »es ist natürlich, dass ich sterbe. Ich weiß, was ich verliere.«

»Ja, natürlich«, sage ich und unterdrücke das Zittern in meiner Stimme, »das ist in Ordnung. Wir sind alt genug.«

»Es ist volkswirtschaftlicher Wahnsinn, das Leben alter Menschen um jeden Preis zu verlängern und wenn ich das immer vertreten habe, dann kann ich doch nicht selber jetzt anders handeln und sagen, ich bin die Ausnahme. Jeder eine Ausnahme«, wiederholt er und lacht. Und ich horche diesem leichten Lachen nach, diesem fast nur angedeuteten Lachen und sehe ihn vor mir, der im letzten Jahr immer schmaler wurde. Doch ging er erst zum Arzt, als er ganz besetzt von der Krankheit war.

»Es ist genug«, sagt er. »Findest du nicht, siebzig Jahre sind genug.«

»Ich wünschte, du bliebest noch etwas.«

»Wir hatten viel Zeit.«

»Ja, natürlich, die hatten wir.«

Diese Unmenge von Zeit, all die Jahre. Er hat sie genutzt. Ich kannte Jürgen Dahl schon als er jung war und eine äußerst elitäre kleine Buchhandlung in Krefeld hatte. Ich meine mich zu erinnern, dass er nur Bücher vorrätig hatte, die er mochte und für notwendig hielt, vor allem zeitgenössische Literatur. Er übersetzte Limericks und erfand selber welche, kam so zum Schreiben und zum Publizieren, verkaufte seine Buchhandlung und arbeitete seitdem für den Rundfunk.

»Was würdest du tun?«, fragt er. Und ich zögere einen Augenblick und bin dann sicher, dass auch ich mich so entscheiden würde, wie er es nun getan hat. Ich denke, dass auch ich eines Tages den Körper werde entlassen können. Gesättigt vom Leben mich freiwillig von ihm lösen werde, solange ich noch kräftig genug bin, um über mich selbst zu entscheiden.

»Ich habe dir mein neues Buch schicken lassen«, sagt er, »und Hella und ich sind auch noch dabei, das Buch mit den Pflanzendrucken fertig zu machen.« Und ich atme auf, weil er noch Pläne hat.

August

2.8. Gegen Abend oberhalb des Bolsena Sees. Die Schönheit einzelner Bilder. Sandwege, die durch das verwilderte Ausgrabungsgebiet von Volsinii führen. Die Vollkommenheit der überwachsenen Ruinen, rudimentär etruskische überlagert von römischen … und auch diese Spuren wie zufällig und vergehend in der Erde, zu gering, um noch weiter erforscht zu werden. Mir gefällt es, weil alles alt ist, gesättigt von Geschichte, mich rückwärts bindet. Der See zeigt mir ein Bild wie diejenigen es sahen, die hier einst lebten. Dunkel und heftig bewegt ist er heute, als wäre das Leben des Vulkans noch erkennbar in der Färbung des Wassers, in dem das Feuer erstickt wurde. Ich fahre die Straße auf dem Kraterrand entlang. In sanften Schwüngen abwärts fällt das Land und mündet im See. Weiße Rinder grasen unter schweren Bäumen. Die Gelassenheit der Tiere, das absolut Fremde, was ihnen so erstaunlich zu eigen ist – im Vorbeifahren nehme ich dies wahr. Ich halte den Wagen an und sehe ihren langsamen Bewegungen zu, so lange, bis in der wachsenden Dunkelheit ihre Körper nur noch als helle Flecken zu erkennen sind. Umkehrung aller Gewissheiten. Im Gedächtnis sind bewahrt die Metamorphosen: Daphne, die sich in einen Baum verwandelte. Der Fels, der auf dem Wasser schwamm. Die Hostie, die zu bluten begann in der Kirche von Bolsena. Anwesend sind die Imagini vergangener Zeiten. Wir tragen sie in nachdenklicher Prozession in unserem Raum herum.

Habe bei Ovid nachgelesen. Sah ältere Bleistiftstriche am Rand des Textes und, gerade so als ob ich mir selber nach über zwanzig Jahren über die Schulter sehen würde, las ich neugierig das, was mir einst besonders bedeutsam erschienen war. Oder hatte mir dies Buch gar nicht gehört, übernahm ich es erst später von meinem Vater? Sind die Markierungen vielleicht Hinweise für mich, nachgelassen von ihm, um einen Dialog fortzusetzen, das Gespräch über Verwandlungen zum Beispiel, das wir oft geführt hatten.

Nachts die Vorstellung der Toten, der endlos vielen Totenzüge. Die Fahrt über den Styx. Orpheus, der sich nach Eurydike umdrehte, obwohl er wusste, dass er sie dann verlieren würde. Plötzlich war er sich nicht sicher, zweifelte, so verlor er die Chance, die Trennung zwischen Tod und Leben überwinden zu können. Sie, todesschwer hinter ihm, brachte fühlbar den Schatten mit ins Leben, so dass ihm – vorausgehend – eine Ahnung kam von der Falschheit seines Wunsches. Verfolgt man die Geschichte bei Ovid bis zum Ende wird verständlich, warum sie ihr gemeinsames Leben erst im Totenreich in aller Freiheit haben werden.

3.8. Ich schlief, wie manchmal in den sehr warmen Nächten, hier auf der Terrasse, wollte nah dem Tal bleiben, der dunklen Landschaft, die unterhalb des Hauses beginnt und sich bis zum Horizont leicht anhebt. Regungslos alles, nur von den Lauten der unermüdlichen Grillen durchsetzt. Dies beharrliche Geräusch, mit dem sie den Ablauf der nächtlichen Stunden begleiten, ist nicht zu vergleichen mit dem der Zikaden am Tag, ihrer schrillen Aufgeregtheit, ausgelöst durch die Hitze des Sommers. Ihr Summen ist dumpfer und ständiger, eine ruhige Klangfülle, die das ganze Tal stundenlang wie in leichter Bewegung hält. Nur zwei Lichter sind von hier aus zu sehen und das kleine ewige Licht, eine rote elektrische Flamme, in der Kapelle. Sie steht nah unserem Haus, gleicht mehr einer Ruine als einer Kapelle, ist aber immer noch geweiht. Von der Terrasse aus kann ich hineinsehen. Jedes Jahr wird überlegt, ob man ihr wenigstens wieder ein Dach geben soll. Aber es fehlt das Geld dafür. Oder wenn es da ist, wird es für etwas anderes ausgegeben. Der Streit geht seit Jahren und alle nehmen daran Anteil, ohne dass sich irgendetwas bewegt.

Mit der Post kommt das angekündigte Buch von Jürgen Dahl, *Bitteres Lachen im grünen Bereich. Essays und Glossen eines Skeptikers.* Ich schlage es auf, aber lese gar nicht die Worte, sondern erinnere mich an meinen letzten Besuch bei ihm und fürchte plötzlich, dass ich meinen Freund vielleicht nie wiedersehen werde, dessen Stimme ich jetzt noch am Telefon hören kann. Wenn sie auch schwächer klingt und er viel Zeit braucht, um zwischendurch Atem zu holen, so dass ich immer mehr rede und er immer weniger, was ihm lieb ist, wie er sagt.

Der Garten ist und bleibt geschlossen – diese Worte standen handgeschrieben auf einem Bogen Pappe, angenagelt am Pfahl neben der Eingangstür zu dem ungewöhnlichen Lehrgarten von Jürgen Dahl und seiner Frau Hella in Mehr, nah der holländischen Grenze. Ich las Anfang Juli diese Nachricht, als ich durch die Pforte ging, um ihn zu besuchen, bevor Robert und ich nach Italien fuhren. Jürgen saß in seinem Arbeitsraum, zwei offen miteinander verbundene, verwinkelte Stuben unterm Dach, auf einem alten Lehnstuhl aus Korbgeflecht, im Schutz des Gewohnten. Da war der kleine hohe Tisch vor ihm, ein Notizblock aus japanischem Papier, eine Tasse, der Kaffeetopf, ein Glas mit Blumen, das Zigarettenpapier und der dunkelgrüne Tabakbeutel, abgegriffen. Ein zweiter Tisch mit der elektrischen Schreibmaschine. Jürgen wollte nie mit einem Computer arbeiten. Auf dem Stuhl davor Schriften, Zeitungen, auf den Regalen Bücher. An den Wänden Bilder, Ornamente aus Pflanzen, Blätter wie Zeichen, Hinweise. Die beruhigende Anwesenheit aller Dinge, die manchmal beunruhigende der Bücher. Ihre eingeschlossenen Geheimnisse, Durchbrüche in andere Welten, unzugänglich oft, wenn auch anwesend. Hier wird er bleiben, in seinem Raum. Seitdem er den

Befund über seine Krankheit bekam, interessierte ihn sein Garten nicht mehr. Er drehte sich eine Zigarette und sagte: »Eine narzisstische Kränkung für mich, das wächst und blüht dort so unentwegt weiter.«

Es war das einzige Mal, dass er auf schmerzliche Weise einging auf seine Krankheit, ansonsten sprach er gelassen von der wenigen Zeit, die ihm noch bleiben würde.

Eine Redakteurin des WDR hatte ihm ein Tonbandgerät gebracht. Wenn er sich besser fühlte, besprach er für seine Hörer das Band mit Erinnerungen und Reflexionen. An der Schreibmaschine konnte er nicht mehr arbeiten, er ermüdete jetzt schnell. Ich nahm unsere Dialoge auf Tonband auf, ein Frage- und Antwortspiel. Er konzentriere sich leichter, wenn ihm Fragen gestellt würden, wie er sagte. Er stelle sich auch selber oft Fragen, um sich nicht in Gedanken zu verlieren. Er sprach von seinem Vater, der nicht die Chance gehabt habe, so alt zu werden wie jetzt sein Sohn war. Immer die Rückkehr zu den frühen Jahren. Er sprach von seiner Kindheit, von der Angst vor den Bomben als Krefeld angegriffen wurde, die Nächte im Luftschutzkeller eingesperrt und dann die Zerstörung des Hauses, das Sich-Verirren in den brennenden Straßen und wieder die Zerstörung der nächsten Unterkunft. Das Entsetzen davor, verschüttet zu werden. Das habe ihn ängstlich gemacht, so sei er sein Leben lang immer äußerst vorsichtig gewesen, hätte sich abgesichert. Doch jetzt ist er einverstanden damit, die Welt zu verlassen. Frei bestimmt er dies, wird sich auch keiner Behandlung unterwerfen. Oft hat er darüber geschrieben, dass es falsch sei, mit ungeheurem Aufwand ein Leben zu verlängern, wenn absehbar ist, dass es zu Ende geht.

Jetzt will er so handeln, wie er es zuvor gedacht und gefordert hat, verbindlich auch für sich selber.

Ich kannte ihn seit langem und trotzdem erstaunte mich die Konsequenz nun, dies Maßhalten von ihm. Schon früh in den siebziger Jahren hatte er dargelegt und mit Fakten bewiesen, dass wir dabei sind, die Welt, die uns ermöglicht zu leben, zu zerstören. Ein ruhiger penetranter Warner, dem man eine Nische im Kulturbetrieb zugestand. Im letzten Jahrzehnt zog er sich auf die Arbeit im Garten zurück, legte einen Lehrgarten mit seltenen aussterbenden Pflanzen an und schrieb über sie. Zuletzt wünschte er, ruhig in einem Kloster aufgehoben zu sein, in einem fast leeren weißen Raum zu liegen, behütet von einem Klosterbruder, der ihm dann eines Abends einen stärkeren Schlaftrunk bringen sollte. Einverstanden damit, zu sterben, wollte er nichts unternehmen, um das Leben zu verlängern, sondern stoisch bleiben, freundlich gelassen sich selbst und den Freunden gegenüber. Doch während er sich wieder eine Zigarette drehte, lächelte er plötzlich und sagte sanft: »Manchmal denke ich, wenn ich morgens aufwache, dann ist alles wieder wie früher.«

5.8. *Wie schwer es ist, ohne Vergessen zu leben ...* der Endsatz eines Traumes. Von dem Traum selber keine Spur mehr in meinem Kopf, aber die Gewissheit meiner Verbindung mit ihm. Jetzt erst begreife ich, dass ich nachts in einen Strom eintauche, der immer vorhanden ist, aus dem ich komme und in den ich später wieder eingehen werde. Das Leben ist nur ein zeitweises Aussteigen aus diesem Strom, so sehe ich es jetzt. Wir tanken auf nachts im Schlaf, verlieren uns in den Träumen, begegnen dort Dingen, die wir nie sahen, von denen wir nie hörten und bringen unsere mit hinein. Wir nähren so wieder den Strom, aus dem wir schöpfen, verlassen ihn zeitweilig am Tag und kehren im Schlaf zu ihm zurück und wenn wir später den Körper ablegen, werden wir wieder in ihm sein. Es ist ein ständiger Austausch. Es kann nicht anders sein, denn wenn ich erwache, staune ich darüber, wie erfrischt ich bin oder wie erschlagen ich aus dem Strom, in den ich im Schlaf mich gleiten lasse, wieder auftauche, wie sehr er mich gekräftigt oder geschwächt hat, und ich bin sicher, dort ist mein zeitloses Sein.

Wie oft habe ich daran gedacht, dass das Leben erfüllt sein muss, da es mir gegeben wurde, es intensiv aufzuladen mit Sinn. Bei allem, was wir erkennen können, ist der Anspruch da, dies auch im eigenen zu fühlen, zu leben. *Burning desire* nannten ein alter Freund und ich dies Begehren als wir jung waren. Bei Disraeli hieß es: *Das Leben ist zu kurz, um klein zu sein*. Leben mit der Achtsamkeit der Artisten auf dem Hochseil, trotz aller Abstürze.

9.8. Abends die Nachricht: In Jerusalem hat ein Selbstmordattentäter eine Bombe gezündet, die er am Körper trug. Neunzehn Menschen nahm er mit in den Tod. Das wachsende Gefühl der Ohnmacht, der Verzweiflung. In Jerusalem lebt mein Freund, der Schriftsteller und Germanist Jakob Hessing, und seine Familie, seine fünf Kinder, die Schwiegertöchter und Schwiegersöhne und die Enkelkinder. Alle mir so lebhaft gegenwärtig, weil Jakob mich an einem Abend (in diesem März war es, als ich auf einem Kongress in Israel war) zu einem Familienfest in die Wohnung einer seiner Töchter mitnahm, wo alle versammelt waren.

Obwohl es schon spät ist, rufe ich Jakob an. Während ich das Telefon bei ihm in der Wohnung klingeln höre, überkommt mich wieder das Gefühl der Beklemmung, das mich in diesem Frühling in Jerusalem zum ersten Mal so heftig erfasste. So als wäre etwas mir zuvor Verborgenes hervorgetreten und zerstöre alles andere, was ich zuvor meinte, gekannt zu haben. Das Weiß der Häuser wurde zum Knochenweiß, jeder Hügel zur Kampfstatt und die Stadt nun unausweichlich zur *goldenen Schale gefüllt mit Skorpionen*, wie ein Dichter sie schon im zehnten Jahrhundert genannt hatte. Die lange Geschichte der Kriege und Zerstörungen wurde gegenwärtig. Sie brach mit neu erstarkter Gewalt in unsere Zeit ein und verkündigte die Fortdauer des Unglücks, das wir – mit Blindheit geschlagen – durch unser Tun selber auslösen wie in einer antiken Tragödie. Wenigstens jetzt nicht die Augen schließen. Aber auch in der antiken Tragödie hilft kein Bitten, kein Flehen des Chors, der stets anwesend und doch unfähig ist, einzugreifen, mitleidend und seufzend das Geschehen begleitet, doch nie selber angegriffen wird und nie etwas verhindert.

Endlich meldet Jakob sich. Es ist alles in Ordnung. Die Schwiegersöhne sind Reservisten, noch hat man sie nicht einberufen. Doch kann jeder, einerlei wann er sich irgendwo aufhält, getroffen werden. Wer eine große Familie hat, kann vielfach getroffen werden. Jakob hat eine große Familie. »Es geht allen gut«, sagt er.

10.8. In der *Welt* gelesen. *Drehbuchautoren gegen Hollywood.* Den großen Filmstudios droht eine Sammelklage von arbeitslosen Drehbuchautoren, die wegen ihres Alters sich diskriminiert fühlen. Ausgangspunkt der Klage ist eine Untersuchung, die ergeben hat, dass von 7000 Mitgliedern nur noch 5% über 50 Jahre und über 40 Jahre nur noch 30% beschäftigt werden, darunter auch Erfolgsautoren, die Serien wie *Bonanza* oder *Miami vice* schrieben. – Ich höre zu, wenn man mir zu verstehen gibt, ich sei zu alt um irgendetwas zu tun. Ab und zu vergesse ich, was alle mir ansehen. Doch kurz darauf weiß ich auch selber wieder, dass ich alt bin.

Ich sehe meine Hand an, die neben dem Computer auf der Platte des Schreibtisches liegt. Eine alte fleischige Hand. Sie war nie schön, zu groß, mit Fingern breit im Ansatz wie Frauen sie auf Barockbildern haben. Auf dem Handrücken treten die Adern hervor, unregelmäßig rosig ist er und wird nicht mehr braun. Auch der Arm hat Sommersprossen und weiße Flecken. Ich bewege die Hand vorwärts wie ein kleines Tier, bewege die Finger wie ich es als Kind tat, um Schatten an die Wand zu werfen. Es ist meine Hand – und doch nicht mein sind die Schattentiere nun, der mümmelnde Hase, der Wolf mit geöffnetem Rachen.

»Aber an den Händen sah ich, dass sie alt war«, sagte Egon Bahr über Marlene Dietrich bei ihrem letzten Auftritt in Berlin.

Im deutschen Fernsehen (das wir hier sehr gut bekommen) habe ich Alice Schwarzer gesehen in einer der üblichen Talkshows, die den Zuschauern das Gefühl geben, jeder ist wie alle und jeder kann irgendwie seine Meinung sagen. Alles ist interessant und wichtig, und wenn Leute berühmt sind, treten sie öfters in den Talkshows auf. Ihre Berühmtheit ist die Eintrittskarte, um sich darstellen zu dürfen. Was sie sagen ist privat, austauschbar, oft schlecht formuliert und auf keinem anderen Niveau als das übliche Gerede der unvorbereiteten Zuschauer, wenn diese denn während der Sendung zu Wort kommen dürfen.

Eine der Spielregeln dieser Runde scheint zu sein, dass niemand irgendeinen erstaunlichen Gedanken äußern darf. Er wäre zu verstörend, würde Schweigen und Nachdenken erfordern und das geht natürlich nicht, weil unentwegt Aktion sein muss. Und in einer Runde, in der alle nur sitzen, sind Worte die Aktion. Also darf es kein Schweigen und Nachdenken geben, alle müssen schnell und lebhaft sprechen. Alice Schwarzer wurde gefragt nach dem Alter. Sie behauptete, es würde keine große Rolle spielen. Sie könnte sich in einen sehr viel älteren oder auch sehr viel jüngeren Menschen verlieben, das Alter wäre nebensächlich. Nur die Person wäre wichtig. Der Kommentator fragte noch mal nach, ob sie sich also einen sehr viel jüngeren Partner vorstellen könnte? »Ich schließe nichts aus«, sagte sie und fragte ihn mit einer koketten Wendung lächelnd: »War das ein Antrag?« Dabei verweilte die Kamera einen Augenblick auf dem Gesicht des viel jüngeren Kommentators und so sahen wir seine spontane Abwehr, über die sich sofort wie eine durchsichtige Folie das übliche standardisierte, verbindliche Fernsehlächeln legte, eine groteske Vermischung der Züge.

Wir können freiwillig nur für die Jüngeren Platz machen, wenn wir einverstanden damit sind, dass wir endlich sind, zeitgebunden, nur hier aufflammen und verglühen. Wobei die Länge dieser Zeit mir keine Rolle zu spielen scheint, eher die Intensität, wenn überhaupt in dieser Angelegenheit in unserem Sinne gezählt werden kann und nicht gerade dies unser Fehler ist, alles immer in unsere Rechnungen mit hineinzugeben, anstatt zu akzeptieren, dass selbst unsere größten Erfassungssysteme nur sehr kleine Hilfskonstruktionen sind, nicht in der Lage, ein einziges Leben mit all seinen Emotionen und Erfahrungen korrekt aufzulisten, auch nicht die Erschütterung der Berührung einer anderen Hand, nicht mal den kürzesten Augenblick davon.

11.8. Ich notiere die Stationen – auch phantastische – die Träume – die Auferstehungen – das sich Ergehen in der Landschaft – das Aufnehmen, das Abstoßen, sich Eingraben und Erheben. In der Nacht kehre ich zurück. Die Nacht ist ein Tauschladen. Ich bringe die Bilder meines Tages mit hinein und bekomme andere von ihr, ein System der unentwegten Umwandlungen. Das macht mich zuversichtlich, lässt es doch einen Zustand wie den der Ewigkeit als möglich erscheinen. Langfristig mich als Teil des Weitergehenden sehen.

Mit Pino fahren wir durch das Tibertal zu Freunden, die außerhalb jeder Ortschaft auf einem Hügel ihr Haus haben. Als wir ankommen, sind schon viele Leute auf der Terrasse beisammen. Die meisten kenne ich nicht. Jemand gibt mir ein Glas, jemand anderes einen Teller. Ich sehe über das weit zerklüftete Land mit den selbst in der Nacht noch weißlich schimmernden dramatischen Abbrüchen der Calanchi und der schwarz dunklen Wälder, undurchlässige Macchia voller Tiere. Ein wildes Land, ausschwingend in lang gestreckten Bewegungen der Hügel, ein Meeresboden, seit Jahren allein gelassen von dem Element, aber noch immer erstarrt das Unwegsame bewahrend, in dem sich schon die Etrusker einrichteten, den Blick zum Meer gewandt. Wir Gäste essen und trinken und warten wie jedes Jahr auf die Mitternachtsstunde. Es sind die Nächte von St. Lorenzo, die Nächte, in denen die Sternschnuppen fallen, losgelassen vom Himmel, flammend ihre Spur ziehen und verlöschen. Wir haben Decken dabei und gehen über die Felder höher hinauf, auf einen zweiten Hügel, eine vollkommene Rundung, die sich gegen den Himmel wölbt. Nun immer schweigsamer, breiten wir die Decken nebeneinander aus und legen uns hin, das Gesicht den Sternen zugewandt. Aus dem Blick kommt mir so die Begrenzung der Erde. Keine Wolke am Himmel, kein Flugzeug. Vielleicht ist der eine Stern, den ich beobachte, ein Satellit, er bewegt sich. Jemand erklärt Sternbilder, ich höre die Namen. Dann sehe ich die erste Sternschnuppe fallen. Einer ruft: »Da!« und ein anderer ruft: »Wo?« und wir lachen. Noch hat keiner so schnell reagiert, dass er seinen Wunsch verbinden konnte mit der Erscheinung. Die Erde ist hart unter mir, trotz der Decke. Es wird kühler, ich lege mich auf die Erde und ziehe die Decke über mich. Keiner steht auf, nur der Hund bewegt sich beunruhigt zwischen uns, die wir dort liegen. Zwölf Menschen in Erwartung der Wunder des Heiligen Lorenzo. Die Wünsche sind nichts als die Verbindung, die wir mit diesem nächtlichen Schauspiel anstreben, sie werden unbedeutender je länger wir liegen. Auch ich habe meine öfter überdacht, gezögert, welcher Wunsch der wichtigste wäre. Unmöglich, dies zu besprechen, selbst mit dem Nächsten nicht, denn das würde die Unwirksamkeit des Wunsches bedeuten. Auch wenn ich nicht daran glaube, ich möchte die Chance nicht verspielen, vielleicht dass doch ... Aber was wünsche ich mir außer dem, was mir immer zuerst einfällt: die Unverletzbarkeit derer, die ich liebe. Was wünsche ich mir, was ich nur wissend von mir, mir wünschen kann? Wir liegen nebeneinander und sehen in den Himmel, wie in eine sich immer tiefer öffnende Nacht, in die wir einsinken könnten, würde die Erde sich heben und der Himmel plötzlich unter uns sein, der Abgrund eines unendlichen Meeres, in das die Sterne gefallen sind. Sie locken uns an, als seien sie Lichter an der Spitze unsichtbarer Boote, die sich scheinbar unbeweglich hin und her wiegen, uns erwartend. Ich sehe nicht so viele Sternschnuppen, diese fallenden Himmelslichter, wie die anderen, die so oft einen Schrei des Entzückens ausstoßen, ein gestöhntes »Ah, wie schön!« – ein »So seht doch!« Zu spät wende ich den Kopf. Vielleicht sehe ich nie im richtigen Moment in die Richtung, in der die Sternschnuppen auftauchen, die leuchtend aufzucken im Fallen und verschwinden. Auch gibt es offensichtlich ganz bevorzugte Menschen neben mir, denen öfter die Chance gegeben wird, einen Wunsch zu sagen. Mir gelingt es selten, ihn so schnell auszusprechen, dass er schon gesagt ist, bevor das Licht verlöscht. Meistens bin ich zu spät mit meinen Wünschen, weil die immer wieder unvermutete Schönheit zuerst nur ein begeistertes Staunen in mir auslöst. Auch macht das ruhige Liegen auf der Erde mich nicht schneller. Ich träume einem meiner Wünsche nach, einmal die Musik zu hören, nach der die Tänzer auf den Fresken im Grab der Löwinnen bei Tarquinia sich bewegten. Später lass ich es gut sein, meine, dass schon allein das Liegen hier unter dem Himmel die Gewährung eines Wunsches ist. Wann habe ich mich je so freundschaftlich geborgen gefühlt wie in dieser Gemeinschaft, die sich gegen Morgen dankbar auflösen wird, fröstelnd und schweigsam. Auf dem Rückweg sehen wir noch eine Weile hinter uns die Lichter zweier Autos, die uns in Richtung Orvieto folgen. Als wir abbiegen und sie geradeaus weiterfahren, hupen die Fahrer. Ich weiß nicht mal, wer sie sind.

12.8. Die Verführung, der auch ich lange erlag, anzunehmen, ich sei eine Ausnahme. Das Alter hätte mich noch nicht erreicht, würde vielleicht mich nie so treffen wie andere. Ich machte mir falsche Vorstellungen. *Nichts erfinden, das wär's,* notierte Max Frisch und ich denke, er meinte eben dies: keine Verstecke aufbauen. Nichts dazu tun und auch nichts umdenken. Ich will näher herangehen. Wer, angefallen von einem Ungeheuer, schon in dessen Rachen ist, sollte sich voller Neugierde umschauen, niemals zuvor sah er dies purpurrote Unterfutter.

13.8. Lässige Tage. Wir fahren zum See hinunter, sitzen auf den weißen Plastik-Stapelstühlen, die gleich diesen auf der ganzen Welt herumstehen, und sehen dem Sonnenuntergang überm Wasser zu. Kommen ins Gespräch mit drei Frauen, die zusammen verreisen. Pensionierte, verwitwete Lebenskünstlerinnen, bunt gekleidet, die Bilder malen, in Indien waren, ein Patenkind in Afrika haben oder eins in Jugoslawien. Sie engagieren sich bei Greenpeace monatlich mit kleinen Summen, sind politisch gut informiert und genießen das Alter, weil es ihnen die Freiheit gibt, herumzureisen. Sie erweitern ihre Kenntnisse zum Vergnügen für sich selber. Sie haben ihre Heimat in einem festen Freundeskreis. Jeder wird sofort erkannt, der dazugehören könnte. Erst später kommen die Eifersüchteleien und die Enttäuschungen. Diese drei Frauen sind zufrieden, das Alter scheint für sie ein Lustgarten zu sein, in dem sie herumschlendern dürfen. Ich verbringe einen Nachmittag mit ihnen, wir tauschen Adressen aus, auch mit einem älteren englischen Paar, das am Nebentisch sitzt. So vergewissern wir uns gegenseitig, dass wir nicht allein sind.

Melancholie, das sanft dosierte Gift gegen den Schrecken, der dem Leben innewohnt durch seine Zerbrechlichkeit.

Ich besuche die Bauern, bei denen wir früher wohnten, bevor wir in die Casa Marini zogen. In dem großen Küchenraum sitzen nur noch das alte Brüderpaar und die Frau von Pietro. Man fragt mich, ob ich Adalgisa, Domizios Frau, noch einmal besuchen möchte. Ich gehe mit ihrem Mann in ihr gemeinsames Schlafzimmer, wo ihre Tochter mit einem der Kinder sitzt. Adalgisa liegt in der einen Hälfte des Ehebettes, die andere Hälfte ist zugedeckt. Doch nachts schläft ihr Mann dort auf der anderen Seite, wie er es seit über vierzig Jahren tut. Sie bekommt keine Medikamente mehr, will nichts mehr schlucken. So achtet die Familie nur noch darauf, dass ihr Mund nicht austrocknet und dass sie nie allein ist. Ich begrüße sie und setze mich zu ihr, und da sie nicht mehr reden mag, wie ihre Tochter mir sagt, frage ich nichts. Ich erzähle ihr, wo ich gerade war, wie es draußen aussieht. Beständiger Sommer, wolkenloser Himmel und klar die Schatten der alten Platanen auf der Allee, die zum See führt, von der ich weiß, dass sie gerne dort hinunterging. Wir sprachen früher manchmal über diesen ungewöhnlich schönen und bescheidenen Ort Bolsena, den sie seit ihrer Kindheit kannte und der sich nicht viel verändert hat. Noch immer gibt es diese Allee, Platanen, die von Jahr zu Jahr enger ihre Kronen über die Straße hinweg verbinden. Ich sage, dass ich am Morgen die Fahne auf dem Turm sah. Die Prinzessin del Drago kam also wieder zurück ins Schloss. Ich spreche immer weniger, werde ruhiger. Adalgisas Kopf liegt unbeweglich auf dem Kissen, und sie betrachtet mich mit unendlicher Geduld.

Nachts gegen drei Uhr wache ich auf und kann oft stundenlang nicht mehr einschlafen. Dies ist die Zeit, in der die Nacht sich dem Tag nähert. Ich gehe an den Computer und tippe Texte für das Tagebuch, lösche sie wieder, fasziniert von der einfachen Möglichkeit zu löschen. Spurlos die Schrift, als wäre sie nicht wirklich vorhanden gewesen, unverbindlich so, nur versuchsweise gesetzt. Doch will ich gerade das nicht. So schreibe ich wieder aus Angst, alles könnte plötzlich verschwunden sein, was eben noch existierte. Nie mehr zu finden die Menschen, die ich liebe, die Orte, die mir vertraut sind. Das Bedürfnis, sie zu sichern, indem ich von ihnen berichte.

Ich entwerfe Bilder und führe sie aus, so wie eine meiner Tanten, die Malerin Clara Stolterfoht, es auf ihre Art tat. Auch sie hatte im Lübecker Haus ein

Zimmer. Es war ihr Schlaf- und Wohnraum und zugleich ihr Atelier. Das Bett stand hinter einem Wandschirm. Oft sah ich, wie sie davor kniete, die Hände und Arme unter dem dicken Federbett verborgen, und dort wie in einer Dunkelkammer die Glasplatten in ihrer Kamera wechselte. Sie fotografierte die Menschen, die sie malte, damit die Sitzungen sich abkürzten. So schwammen denn in unserem gemeinsamen Badezimmer oft die Abzüge etlicher Köpfe in der Wanne und die vergrößerten Portraits hingen zum Trocknen an den Wänden. Die Konturen wurden dann auf Pergamentpapier übertragen und später auf die Leinwand. Ein Verfahren, das Clara so vervollständigte, dass sie gegen Ende der Krieges viele Portraits von Gefallenen malte, ohne dass sie die Männer gekannt hatte. Oft genügten ihr kleine Fotos, die ihr von den Angehörigen gebracht wurden. Wenn sie fast fertig mit dem Bild war, lud sie die Verwandten und Freunde des Toten in ihr Atelier ein und ließ sich von ihnen sagen, ob der Augenausdruck auf dem Gemälde richtig war. Hatte er seine Verwandten und Freunde so angesehen, der nun Tote, und war die Farbe seines Haares richtig getroffen? Wie erinnerten die Lebenden ihn? Das war vor allem wichtig, denn ihren Vorstellungen musste das Bild des Toten jetzt genügen. War es sein Lächeln, das die Malerin ihm gegeben hatte, wirklich seins? Erkannten sie ihn als den ihren wieder? Damals konnte Clara die Bilder nur auf Pappe mit Pastellfarben malen, es gab kein anderes Material mehr. Und obwohl sie wenig Geld nahm für diese Portraits, kaum reichte es ihr zum Leben, versprach sie allen Auftraggebern, wenn wieder Friedenszeiten kommen würden, bekämen sie alle noch einmal das Bild des Gefallenen, umsonst auf

Leinwand und mit Ölfarbe. Noch einmal das Bildnis, weil es sich so gehörte.

Clara war luxuriös, nicht ihrer Ausstattung nach, die ziemlich bescheiden war, wenigstens am Ende des Krieges, aber ihrem Wesen nach war sie üppig ausschweifend. Ihre Abendeinladungen waren von besonderer Art. Es gab kaum etwas zu essen, aber die Gäste kamen festlich gekleidet und sie selber zog eins ihrer drei dünnen Chiffonkleider an. Von ihnen nahm ich an, dass sie mindestens zwanzig Jahre alt waren und noch aus der Zeit stammten, als Clara von einem Gut in Pommern zum anderen fuhr. Dort malte sie die Besitzer und ihre Familien, in Pastell die Frauen, ihre Schönheit betonend, die Kinder und ihre Hunde. Sie gehörte, während sie auf einem der Güter arbeitete, dort zum Freundeskreis, war Vertraute und zugleich auch Außenseiterin. An den abendlichen Festen nahm sie teil in einem der von mir später so bewunderten Chiffonkleider. Am häufigsten habe ich sie in den Jahren 1944-48, in denen ich mit ihr in dem Lübecker Haus lebte, in dem dunkelblauen gesehen. Es fiel locker über Brust und Hüften, war fast bodenlang und am Saum und Ausschnitt mit winzigen, weißen Perlen bestickt. Der schiffsförmige Ausschnitt ließ Hals und Schultern frei. Früher ein Schwanenhals, wie meine Großmutter immer wieder betonte, zu meiner Zeit der Hals einer alten Frau, bleich und faltig. Sie selber achtete wohl auf die Kleider, aber nicht auf ihr Alter. Sie hatte einen eiligen, leichten Gang und es schien mir so, als ginge sie immer lebhaft auf irgendjemanden zu. Ein glitzernder alter Vogel mit hochaufgesteckten weißen Haaren auf dem Kopf, eine Malerin, die einen glänzenden feuerroten Kimono trug, wenn sie vor ihrer Staffelei stand (etwas beengt zwischen Esstisch und Fenster), exzentrisch und doch ganz zu unserer Familie gehörend. Denn obwohl dies eine Familie von Kaufleuten war, wurde das Exzentrische als normal und notwendig angesehen, wenn Kunst ins Spiel kam, die man achtete. Und wahrscheinlich fühlte sie sich stärker als viele von uns Jüngeren der Familie verpflichtet. Ihren Schmuck trug sie auf Reisen und bei Fliegeralarm im Strumpfband. Da sie ihn geerbt hatte, verkaufte sie ihn nicht, auch nicht als sie hungerte. Was geerbt war, musste weiter vererbt werden. Sie war dafür verantwortlich, dass nichts verloren ging, so dachte sie.

14.8. Die innere Uhr verlangsamt sich, darum habe ich den Eindruck, die Zeit gehe schneller. Ich beeile mich mit meiner Arbeit, als ob ich kaum noch Zeit hätte. Dann wieder möchte ich Stillezonen zwischen den Texten einfügen, den ohnehin vorgegebenen bruchstückhaften Charakter betonen, der allem zu Eigen ist und der nun stärker zum Vorschein kommt, weil der Bruchstücke so viele sind. Also werde ich geduldiger, um den Zeitüberschlag zu vermeiden, die sich selbst überholende Hetze. Gegensteuern. Ebenen wechseln.

»Ich musste immer spielen. Ich habe nicht daran gedacht, dass ich auch einfach still sein kann. Jetzt weiß ich, dass ich aufhören kann, wenn die Phrase es erfordert«, hörte ich einen Musiker sagen und weiter: er bleibe dabei Teil der Energie, der fließenden Energie, die das gemeinschaftliche Spiel bestimmt, auch wenn er schweige.

Alles Theorien, die wir austauschen, manchmal hilfreich. Du suchst Erkenntnis, aber welche soll es denn sein, welche ist dir jetzt wichtig?

Wiederkehr des Traumes seit Jahren, dass ich mich um irgendwelches Gepäck sorgen muss. Nicht aussteigen kann aus einem Zug, weil ich verantwortlich bin. Die Koffer mitnehmen soll, das Aussteigen ihretwegen verpasse. Ständig nachschleppende Fürsorge mit dem Anspruch, dies leisten zu müssen. Albtraum in Variationen. Das Sorgen-Koffer-Motiv. Erst in der letzten Zeit komme ich im Traum aus dem Zug heraus, alles zurücklassend, befreit davon. Dieser sonderbare Plunder, an dem wir hängen. Du bist unterwegs zum Absturz aus der Welt – und dann kommen dir so läppische Gedanken, wie das mit dem Geld ist, ob du zu unachtsam warst? Oder ob der kleine Tisch, die Platte mit Marmor-Intarsien nach alter Manier eingelegt, den du eben in einem Schaufenster sahst, nicht gut in dein Arbeitszimmer passen würde, oder ob du noch etwas anderes kaufen solltest …? Was auch immer du planst in dieser Richtung, es grenzt an Verrücktheit, an unverantwortliche Gedankenlosigkeit in einer solchen Situation deine Intensität auf solche Banalitäten zu lenken. Diese Überlegungen mit dem Tisch zum Beispiel sind abstrus. Willst du denn wirklich noch irgendetwas, bist du nicht dauernd dabei, alles mögliche abzugeben, zu verschenken, vieles was zusammengehörte aufzulösen, weil die Wohnung sowieso zu voll ist mit Dingen, viel zu vollgestellt, vollgepackt. All diese Endmoränen der Jahre, zeitlich kaum noch zu bestimmende Überbleibsel von längst vergessenen Happenings, dies erstarrte Lavagestein von Eruptionen, erkaltet. Vergiss es, denk nicht an den Tisch. Er hätte sowieso wie ein Imitat ausgesehen, auch in den Farben nicht zum Teppich gepasst.

15.8. Wieder mal habe ich mir heute versprochen, das

Rauchen aufzugeben. Rückblickend weiß ich, es schwächte mich immer. Doch hielt ich meinen Körper für stark genug, dies auszuhalten. Jetzt gebe ich zu, dass der Körper nicht das Tier ist, auf dem ich sicher reite, sondern dass er mich abwerfen kann, wann es ihm gefällt. Ich entdeckte eine schwarze Stelle auf der Haut, die sich seit Wochen verändert. Ich betrachte sie manchmal besorgt, zögere zum Arzt zu gehen. Ich frage nach Adressen von Ärzten und lege sie wieder beiseite, so als ob ich nichts Genaueres wissen möchte oder in eine Entwicklung nicht eingreifen will. Die Vorstellung, ich könnte einfach alles geschehen lassen, ist neu für mich. Dabei flammt die Angst wie ein Warnlicht auf. Der Einbruch in Krankheit scheint etwas Normales zu werden in meiner Altersklasse. Welch ein Wunder, dass ich noch herumgehe, noch nicht auf dem Weg zur Operation ins Krankenhaus bin, noch nicht meine Sachen ordne … Oder sollte ich sie doch schon ordnen, die Dokumente zurechtlegen für den Fall, dass ich morgen mich umdrehe und aus dem Bett steigen will und nicht mehr aufstehen kann, auf alle Viere mich fallen lasse, mich vortaste auf dem Boden bis zum Telefon, meinen eigenen Schrei höre und den Widerhall all jener, die vor mir diesen Weg gingen.

Erinnere mich an den Zug der Blinden von Pieter Breughel, an die hinfälligen Gestalten, die sich gegenseitig stützen, tapsend im Licht, sichtbar durch das Licht und selber im Unsichtbaren verharren, im stets gleichen Dunkel, wohin sie sich auch wenden, einer den anderen an der Schulter haltend, so sich des Weges versichernd, einander ermutigend: … wir werden nicht stolpern, nicht hinfallen, wir gehen, wir existieren, wir spüren die Wärme auf der Haut, wir spüren den Eiswind, wir kommen aus dem Schatten und gehen in ihn hinein, irgendwann wird die Augenbinde sich lösen und von weither schon werden wir die erleuchteten Welten sehen in ihrer kreisenden Bewegung.

16.8. Neugierde, Ungeduld, Müdigkeit und der Reflex, mich schützen zu wollen. Die Vorstellung, in Zukunft keinen festen Grund mehr unter mir zu spüren, lässt mich Sicherheit als einen unwahrscheinlichen Zustand begreifen, einen unmöglichen. Doch ist da die Hoffnung, die Gewissheit einer Beständigkeit im ständigen Wechsel. Die Sicherheit der Elementarteilchen. Der Trost ist wohlfeil, trotzdem notiere ich ihn.

Las in einem Interview mit John Updike einige Sätze über das Alter: ... *ein bescheidener Zeuge der Welt bleiben, die man kennt. Man versucht über die Natur der Menschen zu schreiben, und die Natur ist Niedrigkeit und – das wissen Sie – schleichende Erniedrigung. Die Zeit erniedrigt uns, das Alter erniedrigt uns, nach und nach zerplatzen alle Träume.*
Widerspruch: Das Alter erniedrigt uns nicht. Es ist nicht gegen unsere Natur, nur gegen unsere Vorstellungen von uns selber.

18.8. Robert fährt mit Freunden ans Meer, ich bleibe in der Wohnung, lese Zeitungen, versuche, zu mir selbst zu kommen. Eine merkwürdige Redensart, schon in der Nähe einer anderen, die von der Selbstverwirklichung, die mir tautologisch vorkommt. So als ständen wir immer auf der Startrampe, vor dem Sprung zu uns selber.

Immer wieder der Versuch, mich des eigenen festgelegten Bildes zu entledigen, wenigstens mich zeitweise vom Vorgeprägten zu lösen, diesem einengenden Schutz. Nicht mehr auf Wiederholungen bestehen. Möchte mit Robert sprechen und weiß doch, wenn er da ist, wird alles spannungsvoll. Rede und Gegenrede. Gespannter Bogen. Vielleicht bringe auch ich die Spannung mit hinein. Auf jeden Fall verhindert sie oft ein Gespräch, das sich über einen Anlass hinaus fortsetzt, wieder aufgegriffen wird und weitergeht. Stets erneut die Hektik, die ständige Planung für das Nächste, was zu machen sein wird. Als wäre der gegenwärtige Augenblick ein unsicherer Boden, den wir nicht zu sehr belasten dürfen, über den wir hinwegzueilen haben. Die Auflösung der Zeit in der Panik vor ihrem Vergehen.

Ich stürze über mein eigenes Herz in die Tiefe, schrieb Else Lasker-Schüler 1943 in einem Brief aus Jerusalem. Ich dachte jetzt daran, als ich Nachrichten aus Israel bekam. Hoffnungslose Nachrichten, auch wenn jeder sich tapfer hält, gewöhnt an Gefahr seit Gründung des Staates. Doch nun macht sich Ermüdung breit. Heute las ich die Korrekturfahnen für ein Buch, das veröffentlicht werden soll als Dokument des Kongresses, den die Else-Lasker-Schüler-Gesellschaft in diesem Frühjahr in Jerusalem abhielt. Las auch Uri Avneris Rede noch einmal, mit der er den Kongress eröffnete. Als er sie im Theater vor einem großen Publikum hielt, standen einige Zuschauer demonstrativ auf und verließen türenschlagend den Zuschauerraum. Dabei sagte er nichts Unbilliges, forderte einen palästinensischen Staat neben dem israelischen, und kämpft dafür seit Jahren mit einer

Friedensgruppe, zu der Israelis wie Palästinenser gehören. Am Nachmittag hatte ich in der Stadt erlebt, wie eine größere Protestdemonstration gegen die Politik Scharons von Polizisten auseinander getrieben wurde.

Ich sehe Fotos an, die in das Buch über unsere Reise hineinkommen sollen. Das Licht in Israel hat eine eigene Magie, die auf den Fotos sichtbar wird. Was wir sahen, wird so gesteigert wiedergegeben als etwas, das über jeden persönlichen Eindruck hinausgeht. Die Braut ist auf dem Foto nicht nur eine Braut im vollen weißen Ornat ihres Festes, wie wir sie zufällig trafen, sondern Inbild der Situation einer jungen Frau am Tag ihrer Hochzeit im gefährdeten Land. Sie steht an der dunklen Klagemauer, das Gebetbuch in Höhe des Gesichtes angehoben, ihr Oberkörper leicht nach vorne geneigt. Oder die Männer, die im Steinbruch arbeiteten, unterhalb der Brücke, über die man nach Yad Vaschem geht. Sie wirken auf den Fotos in der Hitze des Steinbruchs wie Gefangene aus biblischer Zeit. Und die weißen Steine der Gräber auf dem Ölberg, diese schimmernde Realität der Begräbnisorte, wirken auf den Fotos zeichenhaft abstrakt. Das die Hitze reflektierende Weiß der Steinplatten dominiert, wie auch die beunruhigende Empfindung von der Anwesenheit der Toten. Aber der Schein täuscht. Die Toten ruhen nicht mehr in ihren Gräbern, auch Else Lasker-Schüler nicht. Sie alle liegen in einem Massengrab, während der Friedhof nur noch die leeren Hüllen der Gräber trägt, wiederhergestellt nach dem Krieg 1967.

20.8. Die Aufzeichnungen sind wie ein Ariadnefaden, mit dem ich mich im Labyrinth der Bilder vor- und rückwärts bewegen kann. Beim Namen genannt, gewinnt jeder Tag seine Kontur. Das ist notwendig, denn zuweilen ist mir die frühere Zeit gegenwärtiger als die, in der ich mich gerade befinde. Je weniger Raum die Zukunft auf unseren Projektionsflächen einnimmt, umso mehr breitet sich das Vergangene dort aus.

Keiner widerspricht mir mehr, wenn ich in einem Gespräch sage: »Ich bin ja alt ...« oder »In meinem Alter ...« Ich vermisse den Widerspruch manchmal, aber nur in schwachen, eitlen Momenten. Die werden weniger.
Es gibt eine Zeichnung von Goya, ein Selbstportrait als uralter Mann. Mühsam stützt er sich auf zwei Krücken. Nur die Lebendigkeit der Augen, sein scharfer Blick, lassen seinen Widerspruch zum Verfall des Körpers sichtbar werden und die Unterschrift, die er unter dieses Blatt setzte: *Noch lerne ich.*

22.8. Claudia besucht mich, eine Freundin, gerade sechzig geworden und überzeugte Singlefrau. Ich zeige immer gern Gästen dies nie zu ergründende Etruskerland, sehe es so wenigstens augenblicksweise wieder mit ihrem überraschten Blick, diesem ersten Blick, der anderes sieht als die folgenden. Wir besuchen die Gräber auf halbem Weg zur Stadt Orvieto hinauf. Es sind Reihen von steinernen Häusern, mehr als zweitausend Jahre alt, finster und innen feucht. Einige Stufen tief steigen wir hinunter. Unbestimmt fürchte ich mich und bin doch sicher, dass es dort nichts gibt, was zum Fürchten ist. Es ist nur die Stille, die bedrückend ist, eine ungewohnte Leere ohne Echo.

»Weiß der Himmel, wer hier noch anwesend ist«, sagt meine Freundin.

»Vielleicht ist das wie mit einer CD, da hast du auch nur ein bisschen Materie in der Hand und trotzdem ist Musik darauf. Doch wenn du sie nicht abspielen kannst, wirst du das nie erfahren«, sage ich. Sie weist auf ein steinernes Totenbett, an dessen Kopfende ein runder Stein zeigt, dass hier der Platz für eine Frau war.

»Möchtest du hier ...?«, fragt sie und lacht, und ich denke: das war einmal. Was mich von der Geschichte trennt, ich kann wieder hinausgehen zum Parkplatz, wo der Wagen steht. Schon von fern entsichere ich die Wagentür mit der Fernbedienung, obwohl ich es nicht eilig habe. Es ist diese Angewohnheit, immer weiter zu gehen, schon das Nächste zu bedenken. Dabei sollte ich jetzt langsamer werden, mir für alles im Übermaß Zeit lassen.

Am Abend gibt es ein kleines Fest auf dem Marktplatz, es wird Musik gemacht und einige Paare tanzen. Die meisten Leute schauen zu. Wir sitzen auf langen Bänken. Kinder nehmen die Bestellung auf und bedienen uns. Im Haus neben der Kirche wurde gekocht. Vieles ist Gemeinschaftsarbeit. Der Erlös von allem wird helfen, einen Ambulanzraum einzurichten, der notwendig ist, weil es wie überall hier in den kleineren Orten auch in Bagnoregio keinen Arzt mehr gibt.

Die Stimmung ist von träger Schönheit. Es ist dunkel, die Lichter geben punktuelles Licht, die Menschen scheinen so näher beieinander zu sein. Männer stehen im Halbkreis um den Platz herum, die Musik ist von Nino Rota, fellinesk also. Vor vielen Jahren drehte Federico Fellini die Prozessionsszene für *La Strada* auf diesem Platz hier, über den die Gaukler auf dem Seil balancierten, torkelnd sicher. Nicht viel hat sich seit der Zeit verändert. Die Kinder, die damals durch die Szene liefen, sind nun erwachsen und andere Kinder rufen nach ihnen. Es ist eine familiäre Veranstaltung. Claudia fühlt sich wohl, aufgehoben zwischen uns allen. Sie ist erhitzt vom Wein und von der schwerelosen Glückserwartung in dieser Nacht, und so geht sie plötzlich auf die Männer am Rande der Szene zu und fordert einen zum Tanzen auf. Als er kaum reagiert, wendet sie sich an den nächsten. Gutmütiges Lachen und keine Bewegung als Antwort. Doch das Verlangen macht sie schutzlos heiter und kühn. Sie geht weiter, spricht auch Rosario an, unseren Nachbarn, der im Steinbruch arbeitet (und unter anderen Lebensumständen vielleicht einer der bekanntesten Protagonisten in Filmen wie *Die Katze auf dem heißem Blechdach* gewesen wäre). Ein Mann wie erfunden für Frauen. Er versteht ihr Italienisch, doch rührt auch er sich nicht. So kommt sie, wie im Stich gelassen, plötzlich verlegen zurück und ich tanze mit ihr und ziehe sie hinüber dorthin, wo die Frauen sitzen und die Kinder gerade die Pappbecher und Plastikschüsseln von den hölzernen Tischen abräumen. In der Mitte des Platzes steht ein Kriegerdenkmal, vier Köpfe von Soldaten schauen nach allen Richtungen. Vier Pfeile schoss man zu Ehren der Götter bei den römischen Saturnalien nach allen Richtungen und den fünften hinauf in den Himmel. Um die Kriegerköpfe sind Lichterketten geschlungen und sie leuchten in den italienischen Farben, grün-weiß-rot. »Mich wird kein Mann mehr streicheln. In all den

Jahren nicht, die vielleicht noch kommen«, sagt meine Freundin als wir nach Hause gehen.

Ich erinnere mich an eine schmale, ganz in schwarz gekleidete Frau auf Ios, einer der Zykladeninseln, auf der ich zu Beginn der 60er Jahre einige Monate lebte. Sie schien alterslos und obwohl ich kein Wort mit ihr wechselte, habe ich sie am stärksten von all den Bewohnern in Erinnerung, weil ihre Anwesenheit auf so stille, hartnäckig sich wiederholende Weise mich wie ein Déjà-vu-Erlebnis berührte oder wie ein Hinweis auf eine andere Möglichkeit zu existieren, die mir sofort vertraut erschien und zugleich verschlossen war.

Jeden Nachmittag sah ich, wie die Frau zum Strand ging, und sich dort im Schatten einer Mauer niederlegte und einschlief. Gegen Abend stand sie auf und verschwand. Es war das Alter der Frau, ihre ruhige Würde und das Alter des Landes und seiner Geschichte und wie sich dies miteinander verband, was sich mir so unvergesslich einprägte.

In einem Kurzfilm habe ich später festgehalten, was mich damals an dieser Szene so faszinierte, wollte auf andere Weise noch einmal diesen Eindruck entstehen lassen. Wir machten die Aufnahmen in Holland am Meer. Eine Frau, ganz in schwarz gekleidet, legte sich bei Ebbe in den Sand und wir drehten als die Flut kam, drehten wie die Flut immer näher herankam an die ruhig Schlafende, die sich nicht rührte und die dann endlich ganz umspült vom Wasser war, ja wie hineingesogen ins Wasser, bis die Wellen über den Körper glitten und ihn vollständig bedeckten. Endlich war nur noch das Meer da.

Ich sah auf Ios die Frau und gleichzeitig ein Bild vom Schlaf des Alters. Ich sah den Körper in immer demselben schwarzen Kleid – und selbst wenn es ein anderes war, so war es doch immer gleich lang und eng sie umfassend, das Oberteil wie gewickelt und zusammengehalten vor der Brust. Es unterstrich die Bewegung ihres Körpers, lenkte nicht ab. Ihre Haltung, wie sie zum Strand ging und sich dort hinlegte, eine Stunde, manchmal auch länger, dort schlief, dann wieder aufstand und davonging, beschäftigte mich. Es war, als käme sie aus einer anderen Zeit, fern der meinen, eine Zeit der Mythen und der Urgeschichten, nah der Schöpfung. Zum ersten Mal war es damals, dass ich an mein Alter dachte, wünschte, so zu sein, so am Ende zu liegen, ruhig im Schwarz der alten Frauen geborgen, nah dem Meer. Ich wusste, dass mir dies wahrscheinlich nicht gelingen würde, war ich doch viele Generationen und viele Länder von dieser alten Frau entfernt. Doch versuchte ich in der Filmszene die Empfindung zu wecken für dies Einverständnis mit dem Sein, dies Einverständnis mit dem langsamen Vergehen, mit dem Strand und dem Meer.

Jahre darauf sah ich in Ostia bei Rom die Inszenierung der *Orestie* von Peter Stein. Was mich so beeindruckte in dieser Theaternacht war nicht die Ermordung Agamemnons, nicht die dramatischen Höhepunkte der Kämpfe der Menschen mit sich und den Göttern, sondern die Gestalten einiger Frauen. Während es schnell dunkel wurde gingen sie, als Erinnyen schwarz gekleidet, zwischen den Ruinen von Ostia einzeln und zu zweit umher, auf ihren Auftritt wartend. Sie erschienen in dieser Umgebung, so herausgehoben durch die Rolle, ehrfürchtig für mich und anziehend, ohne dass ich sie erreichen konnte. So als glichen sie sich den alten Gestalten des Mythos an.

23.8. Die kürzeste Strecke zwischen zwei Punkten ist die gerade Linie, sagt ein Wissenschaftler im Fernsehen, der über die schwarzen Löcher spricht. Dann hebt er das Papier hoch, führt die beiden schmalen Seiten des Bogens zusammen, so dass nun die beiden Punkte aufeinander liegen und sagt, kürzer noch ist der Tunnel. Damit ist er bei dem Zeittunnel, der entstehen könnte, wenn die schwarzen Löcher nicht nur Materie verschlingen und verdichten, sondern sie am Ende wieder freigeben würden. Während er dies erklärt, denke ich, er spricht von meiner Vorstellung des Todes, dem Eingehen in die Endlosigkeit, dort hinein, wo es keine Zeit gibt, wo sich alles umwandelt. Erinnerungen an eine Sage tauchen auf, die mich als Kind faszinierte. Ein Mensch geht in einen Berg hinein und nach einem Tag, den er dort voller Freude verbringt, kehrt er abends zurück in sein Dorf. Dort aber sind inzwischen hundert Jahre vergangen, drei Kriege, Brandschatzungen, Wiederaufbau, die Pest und die Stürme. Er ist nicht merklich älter als zuvor, nur die Menschen, die er in der Welt zurückgelassen hatte, waren alt geworden und gestorben, ihre Gräber schon wieder verfallen.

Der Film gestern. Eine blutende Frau über Kopf aufgehängt, die geschlagen wurde. Ansammlung von Schreckensbildern, von Ereignissen, die wir nur von Bildern her kennen. Sie sind in unserem Bewusstsein, doch leiden wir weder passiv tatsächlich selber, noch können wir aktiv eingreifen, um etwas zu verhindern. Welche Diskrepanz, ruhig zu leben und dies ständig zu sehen, als sei es das Normale. Es ist alles möglich. Die Desensibilisierung ist äußerst erfolgreich. Wir lernen uns auf der Ebene der Indifferenz zu halten.

Wenn wir erschütterbar wären, könnte der Schrecken uns treffen. Selbst unsere Witze werden flach, um an nichts zu rühren. Wo auch immer ein Unglück geschieht, wir sind dabei, und doch nicht anwesend. Der Flächenbrand, das Eisenbahnunglück, der Überfall mit Geiselnahme bei einer Bank. Wir sehen, wie die Verwundeten und die Toten von den Straßen aufgehoben werden in Israel und in Palästina, wir sehen Menschen, die vor Schmerz über den Verlust des nächsten Menschen zusammenbrechen. Doch wir brechen nicht zusammen. Was wir sehen und hören geht in unsere Augen und in unsere Ohren – aber unsere Hände bewegen sich nicht, fassen nicht mit an. Wir können nicht tätig werden, selbst nicht in dem Augenblick, wenn wir es dringend wünschen. Getrennt werden die Sinne vom Körper. Das wird zu unseren Lasten gehen.

24.8. In den Zeitungen sind jetzt die Annoncen unwichtig für mich, ungelesen lege ich sie fort. Auch achte ich nicht mehr auf Werbung, es sei denn, ich sehe sie als Zeitspiegel an. In diesem Sinne interessieren mich die neuesten Schaufensterpuppen. Sie sind mager und ernst, die weiblichen eher androgyn, streng mit kurzen Haaren, ohne jede Verbindlichkeit. Im Gegensatz dazu lachen die Menschen auf den Fotos, die freudig für irgendein Produkt werben. Ihr Lachen wirkt umso schrecklicher, je länger ich es betrachte. Vor allem die Alten, wenn sie in der Werbung lachen, sind beklagenswert abstoßend, so als gäbe es für sie gar keine Chance mehr, aus diesem munteren Vergnügtsein herauszukommen. Eine Chance, die es vielleicht für die Jungen noch gibt, wenn sie das Werbestudio verlassen haben. Aber die

Alten lachen immer weiter in dieser fröhlichen Altersgesellschaft, in der sie in Wahrheit verloren herumtreiben nach Auflösung der Gemeinschaften, in denen sie früher mal einen sinnvollen Platz hatten. Die Entwicklung ist gegen sie. Ihr Arbeitsleben wird kürzer, ihre Alterszeit immer länger und falls sie sich nicht rechtzeitig eine bemerkenswerte Position erkämpfen konnten, werden sie kaum noch wahrgenommen. Wer nicht gebraucht wird, hat keinen Einfluss.

25.8. Endlich besuche ich Erich Kusch in Rom. Er ist einer meiner ältesten Freunde. Ich kenne ihn seit vierzig Jahren. Lernte ihn damals kennen, als er gerade als Korrespondent nach Rom gekommen war und ich ein Stipendium in der Villa Massimo hatte und anschließend in der Stadt blieb, unfähig, sie schnell wieder zu verlassen. Das war Anfang der sechziger Jahre, als wir Adornos Satz *Es gibt kein richtiges Leben im falschen* nachdenklich zitierten und meinten, mit dem falschen Leben in Deutschland konfrontiert zu sein und das richtige in Italien suchten. Es war die Zeit, in der Max Frisch in Rom war und wir bei ihm in der Via Margutta darüber diskutierten, wie verpflichtet der Autor sei, die Gesellschaft zum Besseren zu verändern und wie wir Einfluss nehmen könnten, damit die Welt, wenn wir sie verlassen, besser sei als wie wir sie vorfanden. Dabei legte Frisch die Platte von Edith Piaf auf. »Je ne regrette rien« und immer wieder dieser Chanson, »Je ne regrette rien«. Als ich später nach Deutschland zurückging, blieb Erich Kusch in Rom, war Auslandskorrespondent, später Präsident der *Stampa Estera*. Jetzt ist er Präsident eines deutsch-italienischen Institutes. So erfindet er sich immer wieder neue Möglichkeiten, tätig zu sein. Das Alter hindert ihn nicht.

Wir sitzen beieinander in dem unverändert dunklen Clubraum der *Stampa Estera*, in denselben kastenförmigen, schweren Sesseln, die mit dunkelbraunem glatten Leder bezogen sind, in denen wir vor vierzig Jahren saßen. Hässlich schon damals, aber mit der Zeit für mich geradezu heimelig vertraut. Einer der Vorteile von Rom ist, dass hier die Dinge alt werden dürfen. Es gibt nicht diese Sucht, alles immer wieder zu erneuern, und so kommt man auch nicht auf die Idee, das Interieur zu wechseln, wenn es noch brauchbar ist, nicht mal nach vierzig, fünfzig Jahren. Das Licht ist künstlich, einige Stehlampen leuchten ziemlich matt. Nur hinter der Theke der Bar funkelt es heller, rötlich, als erhebe sich dort der Widerschein des Weins hinter den langen Reihen der Flaschen auf den Glaskonsolen. Das genügt. Wir sehen uns an und entdecken uns wieder, auch die kleinen Veränderungen, die deutlicher gezeichneten Ringe unter den Augen und der Terrainverlust der Haare. Das Alter setzt Zeichen, wir sehen sie am anderen. Aber kaum umarmen wir uns und wechseln die ersten Worte, werden die Veränderungen unauffälliger, bald schon nehmen wir sie gar nicht mehr wahr. Wir reden über unsere Arbeit, unsere Familien und gemeinsamen Freunde, über Berlusconi und den letzten Film von Nanni Moretti, über die Uneinigkeit der Opposition, die sich unter Berlusconi duckt, und über unsere wachsende Nachlässigkeit, ja, Gleichgültigkeit vielen Ereignissen gegenüber. Und so sind wir wieder beim Thema Alter, das jedes Mal wenn wir uns treffen zur Sprache kommt, halb ironisch, halb ernsthaft. »Die

Treppenstufen werden höher, wenn man hinaufgeht …«, er lacht, als er meinen Blick sieht. Cholesterinwerte bedenklich, wie er sagt. Er verspricht zur Kontrolle zu gehen. Ich trinke langsam den Whisky aus, den ich nur hier trinke (weil ich ihn früher hier trank) und überlege, wie oft wir uns noch treffen werden, wenn dies weiterhin zwei-, dreimal im Jahr machbar sein könnte.

»Wir sollten uns öfters sehen«, sage ich möglichst ungerührt.

»Ja, wäre schön«, antwortet er mit dieser weltmännischen Herzlichkeit, die ich so mag, und nach einer Weile setzt er wie in Gedanken für sich hinzu: »Lars Restorff ist gestorben.«

»Er war doch noch jung«, sage ich, als würde ein solcher Satz irgendeinen Sinn machen.

»Kanntest du ihn?«

»Flüchtig«, antworte ich. Ich wusste kaum mehr von ihm, als dass er Korrespondent für die *Neue Zürcher Zeitung* gewesen war.

»Keine vierzig Jahre«, sagt Erich Kusch, »da fragt man sich, warum er und nicht ich?«

»Welche Frage«, sage ich und denke daran, wie hier in Rom vor sehr vielen Jahren meine englische Freundin, die Schriftstellerin und Musil-Übersetzerin Eithna Kaiser-Wilkins, als sie hörte, dass ich sehr krank war, mir sagte, sie würde sich gerne zum Tausch anbieten für mich, denn sie wäre alt und ich noch jung. Diese Generosität der Freunde, eine Generosität der Empfindungen und Gedanken, hat mich immer begeistert. Alles Enge, kleinlich Berechnende versetzt mich in einen Zustand des Unbehagens und weckt meine Abwehr, die bis zur stumpfsinnigsten Abwesenheit gehen kann.

»Erinnerst du dich noch an Ernst und Eithna?«, frage ich Erich.

»Ja, natürlich«, sagt er und wir schweigen und beschwören jeder für sich einen Augenblick lang zwei längst vergangene Gestalten.

26.8. Sonderbare Koinzidenzen. Oder Zufälle werden mir immer unwahrscheinlicher. Ich bekam den Brief einer Freundin, die eine Fahrt durch Mecklenburg bis an die Ostsee machte. Sie fuhr mit dem Auto und entdeckte ein Schild, das zu einigen Gebäuden führte, die ehemals zu einem Gut gehörten, das gewiss schon seit vielen Jahren verlassen und auf die elendste Weise heruntergekommen war. Der Name des Gutes, der noch lesbar auf dem Schild stand, war: *Gottesgabe* – so schrieb sie mir. Und das wäre für sie »wieder mal ein Beweis dafür, dass große Worte für Nichts stehen.«

Was sie nicht wissen kann: für mich steht das Wort *Gottesgabe* für die Geschichte meiner Mutter vor meiner Geburt. Das Gut mit dem schönen Namen hatte Verwandten von uns gehört und mit dem Besitzer war sie verlobt gewesen, als mein Vater sie dort kennen lernte und für sich gewann, seinem Freund so die siebzehnjährige Verlobte fortnahm. Wie wäre ihr Leben verlaufen, wenn sie sich für *Gottesgabe* entschieden hätte? Was wäre aus ihr geworden, wenn sie ihn geheiratet hätte, der nun lange schon tot ist? Noch viel länger als sie, die auch seit zwölf Jahren jenseits ist, und deren Sterben mir oft in den Sinn kommt, verheerend wie ein unstillbarer Brand, den sie schon überwunden hat.

Die Zeit verfällt minuziös. Ich bin ihrem zwanghaften Ablauf ausgeliefert. Oft stürze ich mich in die Arbeit, um sie nicht zu spüren, nicht zu spüren, wie sie vergeht, dies Vergehen zu vergehen. Schon wieder alles vorbei, dieser Tag, auch die Nacht bald. Ich kann nicht schlafen. Am Morgen öffne ich die Blendläden vor den Fenstern und am Abend schließe ich sie wieder. Es kommt mir vor, als täte ich dies in immer schnellerem Wechsel, als hätte ich zwischen der einen Bewegung und der anderen immer weniger Zeit. Ich finde immer weniger Platz in ihr. Die Musiker sprechen von der Erlebniszeit. Sind die Erlebnisse intensiver, ausgedehnter, wenn die Hoffnung auf Wiederholung schwindet? Dehnt die Zeit sich aus im Alter oder verkürzt sie sich, gibt es Stille-Inseln wie in den Notationen der modernen Musik, die kreisförmig eingezeichnet sind? Haben wir nicht als Kinder das Gefühl gehabt, endlos Zeit zu haben, endlos die Nachmittage, der Morgen in der Schule? Endlos dies auch in unserer Erinnerung. Il tempo, das bedeutet im Italienischen: das Wetter und zugleich auch die Zeit. Wetterwendische Zeit, abhängig von exterritorialen Kräften.

Mein Verständnis von der Zeit ändert sich. Sie scheint mir nun ein Element zu sein wie das Feuer. Und wie Feuer genährt wird von dem, was es verbrennt, so nährt sich die Zeit von uns, die wir vergehen.

Schon als Kind hatte ich, wenn ich meine Tante Bertha besuchte, das Gefühl: sie wird aufgezehrt von der Zeit. Jahrelang saß sie in ihrem Zimmer, ohne viel mehr als die geringen Ablenkungen durch die Mahlzeiten, die ihr gebracht wurden, und durch die Mädchen, die sie morgens wuschen und anzogen und sie abends auszogen. Ich weiß nicht, ob sie ihre Zeit als schnell oder langsam vergehend empfand, ereignislos oder vielleicht in besonderer Weise intensiv, weil so wenig unterbrochen, und ihr so viel Raum gelassen wurde für erinnerte Erlebnisse. Am Ende ihres Lebens war sie im Besitz so vieler Bilder und Erkenntnisse, so vieler erlebter Gefühle und Gedanken, dass sie inmitten dieses Schatzes verharren konnte, um davon Geist und Sinne zu nähren. Eine Alterszeitlosigkeit, in der die Abfolge aufgehoben war, weil es keine nennenswerten Handlungen mehr gab, die für gewöhnlich das Vorangehen der Zeit belegen.

28.8. Natürlich ist es ein Privileg, alt geworden zu sein, eine Chance, Zugabe. Sehe ich das wirklich so, genieß ich es genügend, bin ich dankbar? Warum dann immer wieder mein Einbrechen in diffuses Entsetzen? Der Reichtum des Alters sind die Fülle der Assoziationen. Der Makel ist: kaum noch Zukunft zu haben. So wende ich mich zurück zu dem, was war, um eine Kontinuität aufrechtzuerhalten, die es mir erleichtert weiterzuleben. Was habe ich verstanden von all dem, was ich hörte und sah? Hatte ich nicht genug Zeit, dies herauszufinden und wenn es immer ungenügend war, warum sollte es mir zuletzt gelingen? Doch warum jetzt nicht, da alles gelebt vorliegt, überschaubar vorhanden. Ich kann mir die ganze Inszenierung meines Lebens wieder ins Gedächtnis rufen, es fehlen nur noch einige Szenen des letzten Aktes.

Seit Jahren wird immer wieder Prominenten der Fragebogen vorgelegt, den schon Proust ausfüllte. Was verabscheuen Sie? Was lieben Sie? Was wäre für Sie der schlimmste Einbruch in Ihrem Leben? Welche

Taten bewundern Sie? Welche Namen, Blumen, Musiker, Dichter ... gefallen Ihnen?
Ich würde gerne fragen: Sind Sie gerne auf der Welt? Waren Sie es lieber, als Sie jünger waren? Haben Sie das damals bewusst genossen?
Genießen Sie jetzt ihr Alter? Wenn ja – Können Sie andere davon überzeugen?
Was vermissen Sie im Alter am meisten? Seit wann? Ist das abhängig von Ihnen selber oder von anderen?
Haben Sie vorgesorgt? Wenn nein – Erwarteten Sie nicht, alt zu werden? Oder war es Ihnen lästig, darüber nachzudenken? Wenn ja – wie sorgten Sie vor? Durch finanzielle Pläne, Einübungen der Vorstellung? Durch Kenntnisse, philosophischer oder medizinischer Art?
Meinen Sie, Sie haben Ihre Zeit oft vergeudet? Womit? Was hätten Sie anstelle dessen machen sollen?
Wurden Sie gläubig im Alter? Warum nicht vorher?
Haben Sie sich Ihr Altsein früher so vorgestellt?
Was würden Sie einem jungen Freund raten, wie soll er sich darauf vorbereiten?
Teilen Sie gerne Ihre Erfahrungen mit? Warum?
Fühlen Sie sich allein gelassen? Wenn ja – Was tun Sie dagegen?
Sind Sie ein höflicher Mensch? Wie äußert sich das?
Frieren Sie manchmal in Ihrer Haut und bedauern Sie, nicht sieben Häute zu haben?
Sind Sie egoistischer, bescheidener, gleichgültiger geworden?
Was erwarteten Sie vom Leben?
Was haben Sie getan, gewollt, erreicht?
Waren Sie genügend glücklich? Genügend verzweifelt?
Fanden oder finden Sie das Leben absurd?

Sehen Sie einen Ausgang?
Erwarten Sie eine Antwort?

29.8. Es hat etwas Komisches, wenn ich meine, noch attraktiv, gar begehrenswert zu sein. Das geschieht zuweilen, wenn ich nachlässig bin, wenn ich gut geschlafen habe und einen erfreulichen Anruf bekam oder mich auch sonst in einer optimistischen Stimmung befinde. Wenn ich glaube, die eine Novelle schreiben zu können, die ich nie schrieb (so wie Jürgen Dahl sich dies für sich noch wünschte, Voltaires *Candide* im Sinn), überhaupt, wenn die illusionistischen Wünsche wie reale Möglichkeiten erscheinen.

Zwanzig Jahre jünger denken, nehme ich mir vor. Dieses alte Rezept: sich immer ein, zwei Jahrzehnte jünger zu denken, sich so zu bewegen, zu sprechen, zu lieben. Die Vorstellung der Schwäche ist ja nicht nur eine, die der Körper mir signalisiert, sondern auch eine des Kopfes. Wenn ich denke, ich bin siebzig, wird alles mühsamer.

Ich vergesse nicht die Schilderung einer Frau, die an einer Expedition in Afrika teilnahm und darüber schrieb, wie leicht die Eingeborenen das schwere Gepäck der Expedition kilometerweit trugen, scherzend, fast spielerisch. Während die europäischen Teilnehmer, selbst wenn sie nur sehr leichtes Gepäck tragen mussten, überzeugt waren, sie könnten es nicht, schon gar nicht über die weite Distanz, die vor ihnen lag. So wurde das Gepäck tatsächlich unerträglich schwer.

Robert erinnerte mich eben an den schönen Satz, dass die Hummel nach den Gesetzen der Schwerkraft unmöglich fähig sein kann, zu fliegen. Aber da sie es nicht weiß, fliegt sie.

30.8. Ich wusste, dass die Alten sich stärker an die Kindheit und Jugendzeit erinnern und das zurückkommt, was längst gewesen war. Aber nun verblüfft es mich doch, wie sehr die Gedanken an meine frühe Zeit mich gefangen nehmen. Heute Nacht träumte ich den Abschied vom Vater. Die Mutter stand daneben. Es war ein Abschied, den ich lange vergessen hatte. Mein Vater fuhr fort, weil der Krieg ausgebrochen war. Schon die Uniform entfernte ihn, er gehörte so dem Krieg, war gezeichnet. Ich weinte, doch meine Mutter weinte auch und so musste ich ruhig sein. Da war ich neun Jahre und wurde verantwortlich für sie. Es wird behauptet, für Schriftsteller sei die Kindheit ein Brunnen, aus dem sie schöpfen. Ich hatte meinen verschlossen, ohne dass es mir bewusst geworden war. Jetzt erst weiß ich, warum ich später oft etwas nicht wahrnchmen wollte, was mich verletzte, mich nicht dazu äußerte. Ich hatte gelernt, den Schmerz zu übergehen. Immer gab es etwas Wichtigeres, als ihm nachzugeben.

Wir dehnen uns aus und entwickeln uns, selbst wenn es im Körperlichen wie ein Verfall aussieht. Wir bewegen uns wieder zum frühesten Stadium zurück. Mein Vater nahm in den letzten Tagen, in denen er lebte, eindeutig diesen Weg. Er starb neunzigjährig in Salzburg in einem Haus, das am Spiegelweiher in Leopoldskron stand. Tagelang verließen wir nicht das Haus und bereiteten uns auf sein Ende vor, er und auch ich, soweit ich es fassen konnte und mich nicht immer wieder ablenkte, um es zu ertragen, was nun auf ihn zukam. Noch immer stand er zu seinen gewohnten Zeiten auf, zog sich selber an, auch wenn dies lange dauerte, und setzte sich zu den Mahlzeiten an den Tisch. Dort versammelten sich oft Freunde und Verwandte, um noch einmal in seiner Nähe zu sein. Er aß kaum etwas, schwieg viel, achtete aber auf unsere Gespräche. Wenn er etwas sagte, dann merkten wir, dass er unseren Reden gefolgt war, so abschweifend ins Alltägliche wir sie auch geführt hatten. Am vorletzten Tag seines Lebens blieb er nach dem Essen im Arbeitszimmer auf seinem Sessel sitzen, wollte sich nicht hinlegen, wie er es sonst tat, und sah durch die Terrassentür in den Garten. Ich las ihm Walt Whitmans Gesänge aus den *Grashalmen* vor, die er geliebt hatte, weil sie so hymnisch vom Leben sprachen. Es kam die Stunde, in der es ihm schwer fiel zu sprechen. Er wollte mir etwas mitteilen, aber seine Stimme gehorchte ihm nur mühsam und ich sagte ihm, er möge sich schonen, denn wir wüssten ja voneinander. So erfuhr ich nicht, was er noch hatte sagen wollen. Später griff er nach meinem Arm, um aufzustehen. Als wir den Raum verließen, wurde mir das Herz schwer, weil ich wusste, dass er zum letzten Mal hier gesessen hatte. Und auch er wusste dies. Er ging die Treppe aus dem Wohnraum zu seinem Schlafzimmer hoch und ich stützte ihn, während er sich auf der anderen Seite am Geländer festhielt. Er blieb stehen und sah zurück in die Räume, die nun verlassen waren und die er sich in vielen Jahrzehnten so geschaffen hatte. Das Haus war bedeutsam für ihn gewesen, eine Lebensform, wie er sagte. Dann ging er weiter, unsicher wie ein kleines Kind einen Fuß dem anderen nachsetzend, als müsse er ausprobieren, wie es möglich sei, zu gehen. Und dies war das letzte Mal, dass er ging. Er setzte sich auf die Kante des Bettes und ich wusch ihm die Füße, die stark angeschwollen waren. Das war die einzige Deformation seines sonst noch immer schönen schmalen Körpers. Daraufhin trank er das letzte Mal aus einem Glas Kaffee in winzigen, schlürfenden Schlucken, und legte sich hin, um sich nie wieder aufzurichten. Gegen Abend bekam er etwas von der Babynahrung, die der Arzt mitgebracht hatte, in Wasser aufgelöstes Pulver, aus einer Schnabeltasse. Ich legte ihm eine Windel an und bezog seine Decke und sein Kopfkissen neu. Er bemerkte es und lächelte mir zu. Danach blieb sein Gesicht ernst und in sich gekehrt, konzentriert auf etwas Fremdes. In der Nacht deutete er mit einer Bewegung an, dass der Schlafanzug ihm lästig wäre. Ich zog ihn aus, so dass er von jetzt an vollständig nackt war. Ich legte mich auf eine Matratze neben sein Bett, und er griff mit seiner Hand nach meiner und hielt sie lange. Als mein Bruder hereinkam und sagte, wir sollten den Arzt benachrichtigen, sagte er laut und deutlich »Kein Arzt«. Wir befeuchteten seine Lippen mit einem nassen Tuch. Einige Male saugte er daran mit geschlossenen Augen. Gegen Morgen legte er sich auf die Seite und zog die Beine an, nahm die Haltung ein wie ehemals im Mutterleib. Er sprach nun nichts Verständliches mehr. Noch einmal griff seine Hand nach meiner, dann zog er sie zurück, nah an seinen Körper. Sein Atem ging jetzt schwerer, während er bewegungslos lag, den Kopf seitlich fest in das Kissen gedrückt. Plötzlich, von einem Augenblick zum anderen, breitete sich Stille aus. Kein Atem war mehr zu hören. Als ich mein Gesicht an seins legte, bewegte sich sein ganzer Körper ruckhaft und es gab einen Klang, als zerbräche in ihm etwas. Ein leichtes Beben und dann wieder Stille.

Ich öffnete das Fenster, damit die Seele leichter ins Jenseits entweichen konnte, kannte nur noch dies Bruchstück eines früher üblichen Zeremoniells. Erinnerte auch das Vaterunser, das ich weinend aufsagte, als könnte der Tote es noch hören. Als die kalte Luft hereinkam, fürchtete ich, sie könnte ihm schaden. Aber mein Vater war entbunden vom Leben.

Mit sechs Rosen kam meine Mutter in den Raum, als ich den nackten Toten aus seiner angespannten Embryolage löste und auf den Rücken legte, ihm die Augen schloss. Sie legte ihm die Rosen auf die Decke, dort wo seine Brust war, wo sein Herz geschlagen hatte. Ich bat sie heftig, mich allein zu lassen. Ich war empört, dass sie fortgegangen war, um sich schwarze Schuhe zu kaufen und dies noch bevor er tot gewesen war. Aber was wusste ich wirklich von den beiden. Jetzt bin ich so alt, dass ich meine ungestüme Rechthaberei nur mit Befremden betrachten kann, dieser Furor der Trauer, in dem ich mich bewegte, dieser kindische Anspruch.

Als ich in den Garten hinausging, sah ich jenseits der Uferstraße, dass man das Wasser des Weihers wie jedes Jahr um diese Zeit abgelassen hatte, und Kinder spielend, kreischend vor Vergnügen über den modderigen Grund liefen. Und ich sah den Nachbarn, mit dem mein Vater die Liebe zu dessen Frau geteilt hatte, im Garten harken, nah dem Haus ohne sich zu nähern. Auch als ich die Tür schloss, hörte ich noch die Rufe der Kinder und das Harken des Nachbarn.

September

2.9. Rückzug auf die Bücher, deren Inhalt die Wände öffnen. Sie sind unentbehrlich. Ich brauche die fiktiven Gespräche mit denen, die Ungewöhnliches gedacht haben, die neue Landschaften entwarfen und die Zeit aufhoben. Ich folge ihren Gedanken, ihren Argumenten und lasse mich verführen von der Emphase eines poetischen Gefühls, das erst durch die Worte zur fassbaren Erscheinung wird. Das Alter ist einer Bibliothek vergleichbar, einer Bibliothek der gelesenen Bücher. Die mir notwendigsten sind vielschichtig, voller Geheimnisse und Verlockungen, vergleichbar den *Carceri*-Blättern Piranesis. Realistisch erscheinen dort die Mauern der Verließe, die hoch sich windenden Treppen, Sockel und Bögen und breite, in die Tiefe führende Stufen, Räder und Taue ... Und doch sind die Einfälle des Lichts, die Öffnungen und Schächte die hinausführen, rätselhaft und unergründlich. Sie erwecken die Vorstellung, nach allen Seiten könnte es weitergehen, doch niemals hinaus.

In den Büchern wird das Verschwindende festgehalten und aus wechselnder Entfernung nehme ich verschiedene Aspekte wahr. Dabei gibt es keine richtigen oder falschen. Wie auch immer verfremdet, kostümiert, mit Geheimschrift durchsetzt die Geschichten sind, einerlei auch in welchen fernen Gegenden sie angesiedelt wurden und in welchen vergangenen Zeiten sie stattfanden, sie beziehen sich auf die Schöpfungsgeschichte, auf Aufstieg und Verfall, Leben oder Mord. Im Trivialen sind es Liebes- und Verratsgeschichten. Ich hatt' einen Kameraden, ich hatt' einen Verräter, ich liebte, den ich nicht lieben durfte, ich alte Frau liebte ein junges Mädchen, einen jungen Mann, er liebte einen alten ... Transvestiten wir alle, wechseln von einer Rolle in die andere.

Als Kind ging ich heimlich an den Bücherschrank meines Vater. Er stand im Wohnzimmer, war mächtig wie ein Haus im Haus mit Türen, die große Glasscheiben hatten, so dass man von außen sehen konnte, welche Bücher er barg. Natürlich nicht alle, nicht die in den unteren Reihen des Schrankes, dort, wo die Chemiebücher meines Vaters standen, die er zu Hause und nicht in der Hochschule verwahrte, weil sie von ihm selber oder einem seiner Freunde stammten. Zwischen ihnen fand ich ein in schwarzes Leinen eingebundenes dickes Buch, das von den übersinnlichen Erscheinungen nach dem Tod handelte. Dies ist das erste Buch, an das ich mich erinnere. Ich holte es mir, wenn ich alleine im Haus war, las es auf dem Boden sitzend vor dem Schrank und stellte es stets wieder an seinen Platz zwischen den gleichmäßig blau eingebundenen Lehrbüchern zurück. Ich kam wohl gar nicht auf die Idee, es mit in mein Zimmer zu nehmen und es dort zu verstecken. Vielleicht, weil ich fürchtete, man würde es dort entdecken. Aber wahrscheinlicher war, dass der Inhalt dieses Buches mir so außergewöhnlich erschien und ich es deswegen nicht zu viel bewegen wollte, gerade so, als hätte ich ein Gefäß angefüllt bis zum Rand mit einer kostbaren und in seiner Wirkung unberechenbaren Flüssigkeit in Händen. In diesem Buch standen Berichte von Menschen, die schon mal gestorben waren und sich dann entschlossen hatten, wieder in ihren Körper zurückzukehren. Unvergesslich die Schilderungen, wie sie sich, liegend im Bett oder auf dem Boden eines Zimmers, aus ihrem Körper lösten und – an der Decke schwebend – von oben den ganzen Raum überblicken konnten. Sie sahen, wie die Verwandten den leblosen Körper entdeckten, den sie selber aus der Perspektive der Engel mit einem gewissen Erstaunen und Bedauern betrachteten, plötzlich unsicher, ob sie ihn so zurücklassen sollten. Dass die Personen, die in diesem Buch ihre Erlebnisse niederlegten, dann doch in ihre Körper zurückkehrten und weiterlebten, interessierte mich nicht so sehr wie der Moment der Loslösung. Es beschäftigte meine Phantasie, dass die Seele oder der Geist – oder was immer es ist, was wir, entlassen von unserem fleischlichen Körper, noch als unser Eigen nennen können – sich so wie ein Schatten vom Körper lösen kann und von außen die Hülle betrachtet, die zurückgelassen werden muss. Schließlich waren es ja authentische Berichte, die im Schrank meines naturwissenschaftlich gelehrten Vaters standen, der damals an nichts Übersinnliches glaubte. Auf jeden Fall blieb ich mit dem Buch zwischen Schrank und dem Schreibtisch meines Vaters und stellte es immer wieder sorgfältig an denselben Platz zurück, so als würde dort das Unglaubliche, von dem in dem Buch gesprochen wurde, besser neutralisiert aufgehoben sein. Im Grunde blieb mir unverständlich, was ich las. Ich las es darum immer wieder. Einige der Personen wurden mir vertraut wie Verwandte. Ich ließ aber nicht zu, dass sie mich nachts besuchten, sondern versuchte, mich im Bett liegend mit geschlossenen Augen darauf zu konzentrieren, mich selber aus meinem Körper zu lösen ... und war dann immer wieder enttäuscht über meine Schwerfälligkeit, wenn ich die Augen schnell öffnete und erkannte, dass ich mich nicht geteilt hatte, sondern noch immer nur ich in einer Person war.

6.9. Wir haben das Halma-Spiel entdeckt, das wir zum Einzug hier vor vier Jahren geschenkt bekamen und das noch immer verpackt war. Erst wollten wir es nur einmal ausprobieren, aber dann spielten Robert und ich gestern eine Partie nach der anderen bis in die Nacht hinein. Wir waren glänzender Laune. Nichts ist so erleichternd wie ein Spiel, wobei es einerlei ist, welches es ist, wenn es nur vollkommen die Aufmerksamkeit der Spielenden fesselt, so dass sie in der Zeit frei sind von allen anderen Überlegungen, wie drängend diese auch sonst sein mögen.

Im Fernsehen eine Sendung über Max Frisch. Einige junge Schweizer, die nach ihrer Einschätzung des Werkes von Max Frisch gefragt werden, sagen, dass er zu moralisch gewesen sei, zu moralisch wirken wollte. Das scheint lästig zu sein. Die Gefragten halten es für zweifelhaft, ob eine solche Haltung jetzt noch Erfolg haben könnte. Sie sei nicht mehr zeitgemäß. Ich bin nicht mehr zeitgemäß.

Jürgen Dahl hat oft mit Dankbarkeit von den vielen »wunderbaren Menschen« gesprochen, die er kennen lernen durfte. Es muss wohl an ihm gelegen haben, der die vorzüglichen Seiten dieser Menschen so dankbar anerkannte, der sie zu genießen verstand, auch bei denen, die ansonsten eher als schwierig und eitel galten.

Ich telefoniere mit Hella, Jürgen Dahls Frau. Er, der seinen Tod geschehen lassen, in den Vollzug nicht eingreifen wollte, hat nun doch eingewilligt,

Bestrahlungen zu bekommen, weil die Schmerzen im Kopf zu stark wurden. Er erwartet kein Jenseits, doch möchte er bewusst die letzten Tage im Diesseits sein. In unserem Interview bezeichnete er sich als Agnostiker und ich fand in einem der Aufsätze, die ich jetzt bekam, seine Definition: *Der Agnostiker betet nichts an sondern konstatiert nur etwas, was er an zahllosen Beispielen immer von neuem belegen kann, die unermeßliche und umfassende Größe des Unbegreiflichen – und sie ist ihm nicht Gott sondern ein Faktum, mit dem er mehr seine eigene Unvollkommenheit beschreibt als etwas außerhalb von ihm Liegendes.*

Mein alter Freund war überzeugt, dass die einzige Gewissheit nur darin besteht, zu wissen, dass keine Gewissheit zu erlangen ist, und er brachte das Beispiel vom Haus, in dem wir uns bewegen. »Wir wissen gar nicht, wie es entstanden ist und wir gehen dann auch wieder – auf leisen Sohlen«, sagte er. Das vergesse ich nicht, dass er da auf leisen Sohlen geht, weil es typisch für seine Arbeit war, dies behutsam genau Gesetzte. Dabei heißt »auf leisen Sohlen« überhaupt nicht Unentschiedenheit, sondern der aufmerksame, achtungsvolle Umgang mit allem Geschaffenen, präzis und nicht lastend. Überzeugt war er davon, dass uns, seitdem wir an das Jenseits nicht mehr glauben, nur noch das begrenzte Diesseits bleibt. Eine kurze Zeit also, die wir immer eiliger versuchen auszunutzen, ohne natürlich den Verlust der Ewigkeit jemals wettmachen zu können, auch wenn wir noch älter und noch schneller werden.

9.9. Die Erfahrung der eigenen Schwäche. Der Moment, in dem ich etwas geschehen lasse, weil ich durch die Wucht dessen, was mich trifft, unfähig bin zu handeln. Das Handeln setzt aus und ich sehe zu, wie etwas geschieht, ohne einzugreifen, ohne zu reagieren, obwohl doch Zeit genug wäre. Es gibt die Versuchung, der Müdigkeit nachzugeben. Nur gab es früher andere Versuchungen, die spannender waren. Ich bemühe mich, diszipliniert zu sein, Tage und Nächte nicht zu vergeuden. Doch öfter steige ich jetzt aus den lebhaften Diskussionen aus. Ich höre noch zu, sage auch etwas, mische mich ein, aber zurückhaltender, als gäbe es gleichzeitig eine andere Diskussion, die meine Aufmerksamkeit mehr erfordert. Es ist keineswegs so, dass ich meine, sie führten zu nichts, diese sich wiederholenden Gespräche über Politik, über Kunst, über die Rolle der Frau, die des Mannes, das Recht der Kinder und der Armen, Ausgebeuteten … Ich weiß, wie notwendig dies ständige Umwälzen der Gedanken, das Sich-Äußern ist, denn jedes Mal – so ähnlich die Argumente auch erscheinen – verändert sich doch etwas und sei es, dass sich etwas festigt oder an Gewicht verliert in der Vorstellung eines Menschen. Ich steige also nicht aus, weil ich mich langweile, sondern, weil ich mit etwas anderem beschäftigt bin. Dabei beruhigt es mich, die Stimmen der Jüngeren neben mir zu hören, ihren heftigen oder leicht dahingehenden Auseinandersetzungen zu folgen. Ihre Anwesenheit beruhigt mich, ich bin in Gemeinschaft mit ihnen, auch wenn unsere Wegstrecken nicht dieselben sind.

Es gibt keine Außenwelt, denn alles, was ich wahrnehme, nehme ich durch meinen Körper wahr. Seitdem ich diesen Satz hörte, wende ich ihn hin und her. Ja, so ist es, möchte ich endlich sagen und mich zurücklehnen, versunken in die Außenwelt, die ich mir imaginiere, während eine Herde Büffel auf dem Fernsehschirm erscheint und in einer Staubwolke lautlos verschwindet und der geöffnete Brief eines Freundes aus Aden auf dem Tisch liegt, der mich zur Hochzeit seiner Tochter eingeladen hat, die meiner ähnlich sein soll ... Welche Möglichkeiten, welche Ablenkungen. Dabei habe ich Mühe, mich auf das zu konzentrieren, was wirklich geschah. Nachdem mein Vater gestorben war, ging ich aus dem Haus auf die Terrasse und sah als Erstes dort einen toten Vogel liegen. Ich erschrak über die symbolische Bedeutung. Doch schon während ich den Vogel aufhob, ihn in meiner Hand spürte, sein weiches Gefieder, den schwachen Hals abgewendet sah und die gebrochenen Augen, ging es nur noch um sein Ende, einmalig wie jedes Erwachen.

10.9. Mein Bruder kam zu Besuch. Er ist mittlerweile der einzige Mensch, der mich als kleines Kind kannte, den ich kenne von Anbeginn an. Er erinnert sich an unsere Eltern, an die erste noch glückliche Zeit miteinander und an das nächtliche Weinen unserer Mutter bevor der Krieg begann und die Familie zerfiel. Er ist nun ein alter Mann, dessen Körper nachgibt, schwerer das Gesicht – und doch, wenn er mich ansieht mitten im Gespräch, meine ich für einen Augenblick lang, mein Vater oder einer meiner Söhne sehe mich an. Familienähnlichkeiten. Als ginge nichts verloren, wandle sich nur von Generation zu Generation, behaupte sich erneut in den nachfolgenden Leben.

Wir fahren über das Land, das sanft und verlassen erscheint, erschöpft vom Sommer. Die Sonnenblumenfelder verloren die Farbe. Hart und braun sind die noch immer aufrechten Stängel. Die Scheiben der Blüten zur Erde geneigt. Wir fahren nach Torre, ich möchte meinem Bruder die schönsten Frauen der Umgebung zeigen. Den Schlüssel zu dem Palazzo in Torre habe ich von dem Bauern besorgt, der ihn verwahrt, und so können wir ganz legitim in den vergessenen Besitz eindringen, einen Flügel des hohen Gartentors öffnen und über den mit Unkraut überwachsenen Vorplatz gehen. Vor uns ein in seinen Maßen bescheidener Palazzo, dessen Luxus sich im Inneren verbarg. Tusculum für einen Kardinal, einen Liebhaber der Malerei und der schönen Frauen. Im letzten Krieg Standort einer deutschen Einheit, blieb er nach deren Abzug unbewohnt bis heute, sechsundfünfzig Jahre lang. (Wo war ich all die Zeit, seitdem mein Großvater uns in sein Schlafzimmer rufen ließ und sich hoch im Bett aufrichtete, um uns mit fester Stimme das Glück zu verkünden, dass der Krieg endlich zu Ende sei?) Die Räume des Palazzos liegen hintereinander zur ebenen Erde, geschützt durch einen Säulengang, der zum Vorplatz hin offen ist. Nur im Mittelteil gibt es ein Mezzaningeschoss, dessen Zugang zugemauert wurde, damit niemand mehr dort hineingeht. Zu groß ist die Gefahr des Einbruches der Böden und so der Zerstörung der darunter hängenden Decken der Festsäle. Unser Eintritt verzögert sich. Ich kenne das sperrige Türschloss von früheren Besuchen her, doch bin ich in meiner Ungeduld ungeschickt, fürchte plötzlich die anmutigen, heiteren Gespielinnen, die ich noch vor kurzem hier entdeckte, könnten verschwunden sein, zu Staub zerfallen das, was an Lust und Schönheit jahrhundertelang anwesend war. Immer wieder die Angst wie Kinder sie haben, dass diejenigen, die ich liebe und die mir notwendig sind, plötzlich und wider jede Vernunft spurlos verschwunden sein könnten, unauffindbar für immer.

Wir öffnen die Tür und stehen in einem hohen, weiträumigen Saal. Er ist nicht sehr hell und so nehmen wir als Erstes die beiden Fenster wahr, hinter denen sich die Landschaft zeigt, unbewegt wie ein Gobelin. Noch vorhanden ist an der linken Wand ein gewaltiger Kamin, die Steinplatte darüber trägt – wie auch jeder steinerne Türrahmen – eingemeißelt mit unübersehbaren Versalien den Namen des Kardinals. Der Fußboden ruiniert. Futtergetreide aufgeschüttet gegen die Wand, so dass dort die Farben zerstört sind, wie zernagt.

Doch über all diesem Verfall triumphieren die Frauen, die hier ihr Leben führen. Lautlos begrüße ich sie, wieder hingerissen von ihrer Erscheinung, ihrer so selbstverständlichen und glänzenden Anwesenheit in all dem Untergang, der um sie herum stattfindet. Sie sind alle noch anwesend, meine Freundinnen, sie musizieren, sind einander zugewendet, blicken mir lächelnd in die Augen, nehmen mich so auf in ihren Kreis. Geistreich, anrührend erscheinen sie mir, weil sie sich darstellen – uns zur Gesellschaft, wie ehemals für ihren sterblichen Kardinal – und zugleich etwas ganz uneitles Privates haben, durch ihre eigene Welt geschützt. Sie sind auf eine Weise für sich schön, die das Glück des Betrachters steigert. Sie lassen ihn so teilnehmen an etwas unwiderstehlich Lebendigem, das ihrer Schönheit zu eigen ist. Insgesamt sind es vierzehn Gestalten an den Wänden, fast alles junge Frauen, die sich in einer bukolischen Landschaft bewegen. Im Fries unterhalb der gewölbten Decke: Mars und Venus, Herkules, Flora, Paris und die Grazien, Leda und Zeus, Heroen allegorischer Geschichten, gefasst in Medaillons von raffinierten Stuckelementen. Kostbarkeiten durch die sich Risse ziehen, mal feiner, mal breiter, ein ständig sich erweiterndes Netz. Auch durch die Fresken an den Wänden ziehen sich Risse, Zeichen der langsam arbeitenden Zerstörung. Ich nehme sie wahr wie Anzeichen der kommenden Nacht am Ende des Tages. Ihre Drohung verstärkt die Einsicht, wie kostbar das ist, was ich hier sehe, verstärkt den Eindruck der Sinneslust, so dass mir *die Augen übergehen.*

Dieser altmodische Ausdruck gehört noch zu den erstaunlichen aus vergangener Zeit. Die Ausdrücke der Bewunderung wechseln mit dem, was an Schönheit angeboten wird. Hier verharrt sie seit Jahrhunderten. Die Laute spielende Frau schaut mich an, zwei heben die Arme zum Tanz. Daneben jene andere, die einen Löwen umfasst … spielerisch alles. Die Gesetze der Macht sind aufgehoben.

»Der Triumph«, sage ich zu meinem Bruder und weise auf die Gestalten, die ehemals von den Brüdern Zucchari geschaffen wurden. Sie schufen auch die viel gerühmten Fresken in Caprarola, dem fünfeckigen Palazzo, südlich von Torre, auf dem halben Weg nach Rom.

Aber hier in Torre haben diese Göttinnen, Helden und Gespielinnen ein anderes, verborgenes Leben. Kein elektrisches Licht flammt auf, um sie besser zu beleuchten, kein Reiseführer erklärt ihre Schönheit, die sich mitten im Verfall so glorreich behauptet.

»Ja, das wollte ich dir zeigen«, sage ich und er lächelt verhalten und geht sinnend umher.

Heute, am 11.9., ist die Wirklichkeit des Krieges eingebrochen in das gewohnte Leben von New York.

Am Fernsehschirm sehe ich, wie ein Flugzeug in den zweiten Turm des World Trade Centers hineinjagt. Ich sehe es live, weil die Kameras schon auf den ersten Turm gerichtet waren, der zuvor von einem Flugzeug direkt in der Flanke getroffen wurde. Ich kann zusehen, wie das zweite Flugzeug in die Außenhaut des zweiten Turms hineinfährt, sehe es in dem Moment, in dem es geschieht. Das Flugzeug durchschneidet den Turm und bricht brennend auseinander. Die Wände des Turms geben nach und das Feuer ergreift Etage um Etage. Material, das sich auflöst, in Kaskaden abwärts stürzt. Zugleich die Schreie von der Straße her und unhörbar, weil so entfernt in den Gebäuden, der gewaltsame Tod von Tausenden von Menschen. Eine Endlosschleife der Bilder, damit wir begreifen, was geschah. Immer wieder nähern sich die beiden Flugzeuge, fliegen in die Seitenwände der Türme hinein. Es folgt ein brennender Trümmerregen, in Rauch gehüllt. Asche deckt sich über alles. Auf den Straßen rennen die Menschen um ihr Leben, sehen im Laufen zurück und bedecken die Augen, um nicht zu versteinern wie Lots Weib.

Die Kommentatoren aller Medien wiederholen ständig wie einen Refrain: dass nichts mehr nach dem 11.9. sein wird, wie es zuvor war. Für die USA mag das sein wie für Europa im 18. Jahrhundert das Erdbeben von Lissabon, die Erkenntnis der Verwundbarkeit. Anstoß zur Veränderung. Wie sehr hoffe ich auf Veränderung auch bei uns. Dann würden wir uns nicht damit zufrieden geben, zu wissen, was geschah, sondern nachfragen, warum es geschah. Vielleicht stürzten die Türme, damit wir begreifen, an welchem Punkt der Geschichte wir angelangt sind. Nur dann würde wirklich nichts mehr so sein, wie es zuvor war. Doch wir sind Schläfer und halten uns in diesem Zustand.

Mein Bruder ruft mich per Handy an. Er geht in Ostia am Strand spazieren, genießt die Sonne, das Licht, den unendlichen Ausblick über das Meer, wie er sagt, einige freie Stunden bis zu seinem Abflug nach Deutschland. Er ist in einer glücklich gelösten Ferienlaune, hörte noch nichts von dem Attentat auf das World Trade Center.

Ich kann kaum sprechen, sage, er solle sich irgendwo Nachrichten anhören, und sehe, während ich mit ihm spreche, wieder und wieder die Bilder im Fernsehen, versuche sie ihm zu beschreiben und er steht am Meer und hört mir zu, baut sich die Türme am Horizont auf und lässt sie zusammensinken und fragt, was ich ihm nicht beantworten kann.

Am Abend fahren wir eine Stunde über Land nach Umbrien hinein, um Schweizer Freunde zu treffen, den Bildhauer Paul Widmer, Jaqueline und den Filmemacher Klopfenstein im Haus von Res und Monika Ingold. Für sie ist es ein Ferienhaus, das sie sich seit Jahren ausbauen, ein Landeplatz für Res Ingolds imaginäre Fluggesellschaft, ein Kunstprojekt, mit dem Res sich seit vielen Jahren beschäftigt. Robert und ich sind froh, unterwegs sein zu können, den Ort suchen zu müssen. Mehrmals halten wir und fragen Passanten, weil wir meinen, die Richtung verloren zu haben. An einem solchen Tag ist bei jedem Kontakt mit einem Unbekannten etwas Verbindendes da, die gemeinsame Verstörung. Sie verlangt nach Worten, nach einem offenen Umgang miteinander. So bleibt man länger beieinander stehen, selbst wenn man sich fremd ist. Als wir endlich ankommen, ist es schon dunkel geworden, fern sind die Lichter einiger Ortschaften. Der Platz vor dem Haus ist überdacht von einem alten Nussbaum. Hinter dem Haus, im Schutz des Hanges, die Feuerstelle, ein offener Backofen. Aus dem Schatten lösen sich die Freunde und wenden sich uns zu. Wir bleiben lange in der Nacht zusammen, essen und trinken und reden Stunde um Stunde. Ab und zu geht jemand und versucht in einem Nebenzimmer doch noch eine Nachricht im Fernsehen zu bekommen. Aber hier auf dem Hügel ist der Empfang schlecht. Einige zuckende Bilder, die in Streifen zerfallen, einige Worte in verschiedenen Sprachen. Um was geht es jetzt, was bestätigen oder wem widersprechen sie? Wir können es nicht klären.

13.9. Die Bilder, die wir von dem Geschehen in New York zu sehen bekommen, wiederholen sich immer wieder, tauchen auch als Hintergrund auf. Sie werden jetzt, zwei Tage nach dem Terroranschlag, im italienischen Fernsehen schon zusammengeschnitten gesendet, wie ein Videoclip. Dazu die Musik der Beatles als Vorspann für die Übertragung einer Diskussionsrunde. Und während die roten Säcke gezeigt werden, in denen die Leichen sind, die von den Helfern aus den Trümmern geborgen wurden, läuft unter den Bildern ein Band mit wechselnden Börsenberichten.

Gleichzeitig geht hier in Bagnoregio alles ruhig weiter wie bisher. Ich mache mir Notizen, wir essen, telefonieren, gehen schwimmen. Die Elektroleitung in der Küche wird repariert. Wir schlafen bei offenen Fenstern ... für einige Tage ist der Sommer zurückgekehrt, flüchtig, als hätte er etwas vergessen.

Die Zeitungen beschwören mit immer denselben Worten die Situation: *Der Krieg steht vor der Tür. Sie öffnet sich ruckartig, jede Stunde weiter.* In den USA melden sich immer mehr Freiwillige zur Armee. Ein amerikanischer Reporter, der bei den amerikanischen Truppen war, die am Ende des Zweiten Weltkrieges in Italien landeten, schrieb damals: *Der Krieg war für uns eine Flucht in die Wirklichkeit.*

Ein merkwürdiger Gedanke, Krieg zu führen, um in die Wirklichkeit zu flüchten. Aber er scheint mir zutreffend zu sein.

Freunde in Rom, die länger bleiben wollten, beschließen nach Jerusalem zurückzukehren. Amerikanische Verwandte versuchen, einen Flug nach Boston zu bekommen. Auch ich möchte Italien bald verlassen. Es ist, als müssten alle an den Ort zurückkehren, wo sie gezählt werden. Und als wäre es jetzt unangemessen zu genießen, was die Fremde uns gibt, als dürften wir es nicht leicht haben. Robert sagt, ich könnte ja fahren, er würde bleiben. Er hätte noch Arbeit im Atelier. Nichts würde sich verändern, einerlei ob wir fahren oder nicht.

15.9. Ich bin eine Frau, die vorm Fernseher steht und von einem Programm zum anderen wechselt und immer die gleichen Bilder ansieht von einem Geschehen, das jenseits des Atlantiks stattfindet. Ich habe keinen Grund, mich zu ängstigen. Doch bin ich unruhig.

Krieg ist mir bekannt aus der Kindheit. Das Geräusch der Sirenen und die Klaustrophobie im Luftschutzkeller, die Detonationen im schon zerbombten Berlin. Flüchten, Unterschlupf suchen, improvisiert leben, die Todesnachrichten, der Hunger, die Kälte.

Dann in Lübeck die überraschenden Treffen mit Verwandten, die auftauchten, irgendwoher kamen, irgendwohin gingen. Menschen in Bewegung. Nie gewann ich später das Vertrauen zurück, dass etwas ständig sicher bleibt.

17.9. Am Morgen rief Jakob aus Jerusalem an. Die langen Telefongespräche sind Ersatz dafür, dass wir uns so selten sehen können. Wir sprachen über den 11.9. und wie nun üblich, fragte einer den anderen, wo er war, wann er zuerst von den Attentaten hörte, zum ersten Mal die Bilder sah, und was für Geschichten von anderen Menschen berichtet wurden, wo sie gewesen waren, was sie gehört hatten.

Jakob meinte, nun würden die Amerikaner die Schuld bei den Juden suchen, wegen Palästina. Er ist gegen die Siedlungspolitik, vor allem aber entsetzt, dass man nun alles wieder den Juden anlasten wird, wie er sagt. Diese Reaktion erstaunte mich, doch konnte ich ihn nicht beruhigen. Wir sprachen über Kinder und Enkel und über das Heine-Buch, an dem er arbeitet, und über seine Erfahrungen beim Schreiben. Er beharrt nicht mehr darauf weiterzuschreiben, wenn eine Arbeit stockt. Dann lässt er sie liegen. Auch ich nehme das als Zeichen, dass etwas falsch ist, wenn beim Schreiben sich jeder Satz gegen den anderen sperrt, und gehe dann nicht weiter im Text, beginne erst später wieder neu.

»Es ist ein Problem von Suchen und Finden. Es geht um das Suchen. Findungen sind einengend. Nur die Fundamentalisten finden. Das ist wie mit dem Kopf durch die Mauer«, sagte Jakob und lachte, »du weißt doch, hier sagt man: ein Fundamentalist ist zu allem fähig und sonst zu gar nichts.«

18.9. Wir nehmen durch das Fernsehen teil an dem, was geschieht. Doch sehen wir immer nur Ausschnitte, Teile eines Puzzles. Das Gefühl der Ohnmacht wird gemildert durch Handlungen. Gesten für die Opfer. Kerzen anzünden, Blumen hinlegen. Unterschriften in den Kondolenzbüchern. »Die Welt hält den Atem an«, wird verkündet. Wir werden nicht die Zahl der Toten erfahren, die es bei den Vergeltungsschlägen geben wird. Sie werden geopfert als Sühne für die Toten von New York. So wird jeder Tote dann im Schattenreich von mehreren Toten begleitet werden, die starben, damit der Rache Genüge getan wird. Vielleicht verständigen sie sich besser miteinander als die Lebenden es taten, weil sie nun tot und wissender sind und sehen, dass ihr eigenes Ende so schrecklich war wie das der anderen.

Große Empörung über einen Artikel von Susan Sontag. Sie hat einen Punkt der Wahrheit getroffen. Sie hat von unserer Mitschuld gesprochen, hingewiesen auf die Verbindung von Ursache und Wirkung, die aber so nicht gern gehört wird. Und nun schon gar nicht. Die Schärfe der Empörung zeigt, wie heftig jene ihre Vorstellungen verteidigen, die nur von Fakten ausgehen, die sie selber schaffen, und von Moralvorstellungen, die sie selber bestimmen, und nicht zur Kenntnis nehmen, dass alles was sie tun, in einem anderen Zusammenhang Bedeutung und Folgen haben wird. Wir, die wir uns aus der Unmündigkeit eines Glaubens an das Schicksal befreien wollten, werden zum Schicksal für andere, so unabwendbar wie es das göttlich bestimmte war. Das schlägt auf uns zurück.

Lese im *Galeerentagebuch* von Kertész: *Während der Mensch sich also von der Existenz freigesprochen und zur Geschichte verurteilt hat, ist er unfähig, die Geschichte anzunehmen und unfähig auf geschichtliche Weise zu existieren. Man kann sagen, er hat seine Existenz verloren und er hat seine Geschichte verloren; die große Frage ... wie verträgt sich das menschliche Leben mit den von Menschen geschaffenen gesellschaftlichen Formationen? ... Was frage ich damit? Ob, nachdem der Mensch die bloße Vegetation mit seiner Geschichte bezwungen hat, nicht gerade die Geschichte den Menschen zum bloßen Vegetieren verurteilt?*

22.9. In der Nacht träumte ich von einem hohen Steingebäude. Ein Berg aus Stein, gestuft mit glatten Platten von Natur aus. Doch die Wirkung war wie die einer Pyramide, wie etwas künstlich Geformtes, dabei gewaltig wie ein Berg. Ich versuchte an dem Gebäude hochzuklettern. Unterhalb einer Wand, schon dabei mich hochzuhangeln, sah ich über mir auf dem Berg ein Plateau wie auf den Stufenpyramiden der Inkas und ein Vogel kreiste darüber. Archaische Bilder, die in den Träumen uns beherrschen. Aus großen Vorräten von Zeichen und Metaphern, die andere vor uns sammelten, bedienen wir uns. Ich bin ihr Nutznießer, verschwenderische Erbin. Oder bereichere ich das Urgedächtnis mit meinem Leben, nähre es damit und scheide dann aus? Meine eigene Geschichte umschließt mich wie ein Kokon, der langsam immer hermetischer wird. Möglicherweise haben wir das Vorhandensein der Seele nur erfunden, um das Klaustrophobische unserer Existenz zu ertragen.

23.9. Heute will ich nichts hören. Immer mehr Freunde haben Hörgeräte. Ich lebe in einer Gesellschaft von Menschen, die Handys haben oder Hörgeräte. Wir wollen den anderen erreichen und rufen um Antwort, klagen und werden des Zuhörens müde.

»Alles was wir hier in Europa haben«, sagt meine alte russische Freundin Helen, »sind Treibhausschmerzen, künstlich aufgebläht.«

Seit einigen Minuten habe ich Geburtstag. Ich rede meinem Körper gut zu: Ein wenig könntest du noch aushalten, bleib einfach noch anwesend. Ich verspreche, etwas aufmerksamer ihm gegenüber zu werden. Wir kennen einander gut, auch wenn es manchmal Dissonanzen gab, ich ihn überforderte, er mich hinderte.

Gleichaltrig werde ich nun mit meiner Mutter, die lange schon tot ist. Jetzt beschäftigt sie mich stärker als zuvor, auf eine neue intensive Weise. Wir sind nun Verwandte auf einer Stufe und so verstehe ich sie besser, auch ihre Atemlosigkeit manchmal, ihre Abwehr und ihr Lachen, wie sie sich im Alter hingab einem Vergnügen, dem Ernst des Lebens entwachsen. Ich erinnere mich, wie sie mir von der Brücke über der Autobahn zuwinkte, wenn ich fortfuhr – und sie noch bis zur Brücke gegangen war, um mich noch einmal zu grüßen – und es dann so schnell ging, obwohl ich langsamer fuhr, als ich sie auf der Brücke stehen sah. Doch schon war ich unter der Brücke durch, die Hand hinter der Scheibe noch immer erhoben zum Gruß, den sie vielleicht gar nicht hatte sehen können.

Ich erinnere mich, wie sie später öfter die Hand vor die Augen hielt, weil das Licht sie blendete.

24.9. Der Garten der Lüste, der Garten des Alters. Alles hat einen Namen, eine Festlegung bekommen. Mich erinnern an die Restbestände einer anderen Welt, an untergegangene Lebensformen wie ich sie noch als Kind in Lübeck erlebte.

Als meine Großmutter siebzig wurde, war sie schon eine sehr alte Frau, die mit einem Spitzenschal um die Schultern von der ganzen Familie gefeiert wurde und sich kurzsichtig über die Briefe mit den Glückwünschen beugte. Es gibt ein Foto von ihr aus dieser Zeit. Da sitzt sie mit ihren drei Schwestern, Clara, Bertha und Ina auf einem Sofa. Sie wirken alle vier gleichaltrig auf eine liebenswürdig altmodische Art. Das lange Haar meiner Großmutter, wie immer aufgesteckt, im kaum sichtbaren Haarnetz, langärmelig das dunkle Kleid, mit kleinen weißen Punkten. Ein Jahr später starb sie.

Sie war der erste Mensch, den ich tot sah, aufgebahrt in einem Seitenraum der Kapelle. Ihr hochgewölbter Leib, unförmig unter den Abdeckungen. Er beschäftigte mich, während ich ihn ansah. Ich stellte mir diesen Körper vor, der geliebt hatte, drei Kinder geboren, alt geworden, mir entgegengekommen war, mich umarmt hatte. Nun lag er abweisend dort. Das Gesicht erschöpft, vom Tod vereinnahmt, wie verdeckt von einer starren Maske, die ich in meiner Erinnerung immer noch vor mir sehe. Doch dahinter erschien langsam, das Tote durchbrechend, wieder das mir vertraute Antlitz, belebt durch ihre Zärtlichkeit und durch die unsentimentale Güte, mit der sie sich mir zugewandt hatte.

25.9. Beide Söhne sind zu Besuch gekommen, die Schwiegertochter in spe und unser kleiner Enkel.

Erst jetzt, da ich mich so ins Alter verändert habe, sehe ich voller Staunen und Entzücken wie jung die Jungen sind. Es beruhigt mich, dass das Leben der Menschen, die ich liebte, in ihnen weitergehen wird. Wir versuchen, sie zu schützen und freizulassen. Immer dies Janusköpfige von allem. Ich sehe die Frau an, die mein ältester Sohn liebt. Noch sind wir einander fremd, doch wen er liebt, werde auch ich lieben. Ich sehe meinem kleinen Enkel zu, der immer wieder versucht, den Wasserstrahl, der aus der Leitung kommt, festzuhalten. Er schreit vor Zorn, weil es ihm nicht gelingt. Dann wird er ruhiger, ohne seine Bemühungen aufzugeben, und plötzlich lacht er und beginnt mit dem Wasser zu spielen.

Wir wandern durch den Ort nach Civita, fahren zum Schwimmen an den See, gehen essen bei Fumatore, grüßen Frau Marini, besuchen die Ausgrabungen in Orvieto und gehen in den Dom. Wir pflücken am Straßenrand Holunderbeeren, die hier keiner isst, und ich koche daraus eine Suppe, weil die Kinder sich das gewünscht haben. Es erinnert sie an ihre Kindheit und mich an meine. Ich versuche hinzuhören auf das, was die Jüngeren sagen, zu verstehen, was sie bewegt, versuche dabei nicht auf jeden Widerspruch zu verzichten. Nicht nur freundlich sein, Harmonie herstellen und halten, sondern ernsthaft auf den anderen eingehen. Obwohl es nun Augenblicke gibt, in denen ich einsehe, dass dies unnötig ist. Liebe behält man nicht, man gibt sie weiter.

Noch einmal Federico Fellini. Nicht zu vergessen wie in *8 1/2* der Mann (Marcello Mastroanni) ganz natürlich ohne jedes Erstaunen mit seinen Eltern sprach, die aus der Erde hervorgekommen waren, nur bis zur Hüfte freigegeben von ihr. Heute dachte ich daran, als wir im Dom von Orvieto wieder die Fresken von Signorelli betrachteten. Die Szene der Auferstehung. Auch dort kommen die Menschen aus der Erde hervor. Sie wachsen aus ihr heraus, gerade wie eine Fontäne aus dem Boden steigt, überraschend befreit von dem sie eben noch eng umschließenden Erdreich.

26.9. Die Angst vor der großen schwarzen Figur im Traum, die mit dem Rücken zu mir im leeren Raum saß. Angst, dass sie sich umwenden könnte. Zugewendet – abgewendet. Meine Angst vor Gewalttätigkeiten. Kehrseite Nähe. »Mit Nähe habe ich keine Probleme«, sagte Claudia, mit deren Nähe ich manchmal Probleme habe.

Seitdem ich alt werde, nehme ich die Distanz wahr. Erinnere mich an einige Zeilen aus *Montauk* von Max Frisch: *Die beiden Hände unter dem Nacken gefaltet, um den Kopf etwas zu heben, um den scharfen Horizont zu sehen, schweigt er nicht, er verschweigt nur, was ihn betrifft. Keine Tragödie, alles verständlich, sogar selbstverständlich. Und er hat es vorausgesehen, jedermann hat es vorausgesehen, es bleibt noch, dass er es jetzt annimmt. Ohne Beschwerde. Und das kann man, die Hände unter den Nacken gefaltet, um den Kopf etwas zu heben.*

27.9. Die Kinder sind nach Rom weitergefahren. – Ich sage nicht das, was damals die älteren Leute zu mir sagten, als ich 1960 zum ersten Mal nach Rom fuhr: »Du hättest Rom früher sehen müssen ... zu meiner Zeit gab es noch ...«, denn ich weiß, sie werden anderes in dieser Stadt entdecken, überwältigt auf ihre eigene Weise. Der Abschied von ihnen hat etwas leicht Wehmütiges, auch wenn ich darüber lache. Sie nehmen die Zeit mit sich fort, in der sie eben noch bei uns waren. Was gerade hier ablief, wird sogleich zur Erinnerung, gehört jetzt schon zu all den verschiedenen, in der Vergangenheit eingeschlossenen Abfolgen von Bildern. Ich werde sie so nicht wiedersehen, wie sie als Kinder waren und nicht in all den Stadien ihres stürmischen Wachsens, bis sie erwachsen wurden. Niemals wieder bei Vollmond im Garten die Kinder, die sich versteckten und nicht ein einziges Mal mehr das nächtliche Abschiedsfest, als ich in der Dunkelheit allein im Garten saß, neben den langen, weißgedeckten Tischen, die schon verlassen waren, und zum erleuchteten Haus sah, in dem die jungen Leute tanzten. Dies Niemals setzt sich fort, auch wenn sie nun erwachsen sind und wir uns wiedertreffen fast im gleichen Zustand, in dem wir uns trennten. Oder doch nicht im gleichen Zustand. Nun ist es das Alter, das so schnell vorangeht, spiegelbildlich dem Wachsen in der Kindheit und frühen Jugend.

28.9. Die Gleichzeitigkeit der Zeiten beim Schreiben. So viele nebeneinander, ineinander versunken. Eine Zeit sättigt sich mit der anderen. Das Gefühl des Fremdseins, plötzlich auch im Gespräch mit Freunden. Ich bin in einem anderen Raum als sie, obwohl wir doch im selben sind. »Ich entferne mich nicht von den Menschen und Dingen«, sagte Jürgen Dahl, »ich will es nicht, aber sie verlassen mich.«

Als meine Eltern tot waren, träumte ich, sie saßen an einem Tisch und baten mich dazu. Die Decke des

Tisches war weiß und merkwürdigerweise umkränzten Blumen den quadratischen Tisch, waren hingelegt als Schmuck entlang den vier Kanten der Tischplatte. Sie saßen einander gegenüber und aßen Pilze und schienen sich gut zu unterhalten. Sie wollten auch mir von den Pilzen geben. Aber ich wusste plötzlich, dass sie vergiftet waren, vom Tod verseucht, und weigerte mich, sie zu essen. Als ich aufwachte, wusste ich, wo ich diese Blumendekoration gesehen hatte. Einige Tage zuvor, als ich mit meinen Kindern in das Beerdigungsinstitut gegangen war, um meine tote Mutter noch einmal zu sehen. Die Blumen waren ebenso an den Rand des weißen Tuches, das sie von der Brust an bedeckte, gelegt worden, dort, wo das Tuch an das Holz des Sarges stieß.

29.9. Ich korrigiere die Fahnen für *Sarajewo 96*, die mir die Eremiten-Presse schickte. Rückkehr in die Zeit des Krieges. Als ich im Frühjahr 1996 durch das zerstörte Sarajewo lief, war ich wieder das Kind in Berlin 1944, doch weinend jetzt um diese mir fast fremde Stadt. Ich erinnerte mich an meinen ersten Mann, der als Siebzehnjähriger an der Ostfront kämpfen sollte und desertierte. So wurde es auch seine Geschichte, als wäre er mit mir in Sarajewo gewesen, obwohl schon lange tot. Immer anwesend und andauernd wirksam der Krieg, seine sichtbaren und unsichtbaren Verwüstungen, deutlich in allen Aggressionen, wartend darauf, erneut auszubrechen.

Fritz Beer schickt mir eine Schrift, die er vor kurzem beendet hat. Auf zwanzig Seiten findet sich die Auflösung einer Frage, die ihn lange beschäftigte, die Versöhnung mit der eigenen Geschichte. Sie sind einem Toten gewidmet und geben dem Lebenden Raum. Fritz Beer hat Kaddisch für seinen Vater gesprochen und aufgeschrieben, 57 Jahre nach dessen Tod. Dass der Vater im Konzentrationslager Birkenau ermordet wurde, erfuhr sein Sohn von einer entfernten Verwandten, die das KZ überlebt hatte und ihn 1947 in London besuchte, wo er seit seiner Emigration lebt. Zu dieser Zeit arbeitete er als Redakteur bei der BBC. Die junge Frau war eines Tages unangemeldet in sein Büro gekommen, hatte ihm von den letzten Tagen seines Vaters berichtet, ihn gebeten Kaddisch für ihn zu sagen, und war wieder verschwunden. Damals meinte er aus ihren Worten herausgehört zu haben, dass sein Vater im KZ für die Nazis gearbeitet hatte. Er war überrascht, wagte nicht weiter zu fragen und wusste später nicht, wie er sie wiederfinden sollte, um noch einmal mit ihr darüber zu reden. Erst jetzt erfuhr er, dass diese entfernte Cousine, die damals nach Kanada auswanderte, zur Beerdigung einer gemeinsamen Verwandten nach Paris gekommen war und konnte so ihre Adresse in Erfahrung bringen. Diesmal fragte er brieflich die nun alte Frau nach den genauen Umständen, wie sein Vater im KZ existiert hatte, und erfuhr, dass seine eigenen Befürchtungen in all den Jahrzehnten falsch gewesen waren. Sein Vater hatte als Angestellter der Jüdischen Gemeinde für die Belange der Häftlinge gearbeitet und nichts zu tun gehabt mit dem von den Nazis eingesetzten Judenrat.

So schrieb er jetzt das Totengebet für seinen Vater und noch einmal erstand mit seinen Worten das Leben und Sterben des Vaters und sein eigenes Leben, das des Sohnes, der überlebte, der nun neunzig Jahre ist und nah am Ende seines Lebens sich verbindet mit dem des

Vaters. Gebet und Nachruf zugleich, beschönigt der Text nicht die Zweifel, spricht von der Anstrengung, einen anständigen Weg zu finden, sich nicht korrumpieren zu lassen, auch nicht von der Sehnsucht nach besseren Erinnerungen. Zeitlos der Schmerz. Doch mit dem Kaddisch setzt Fritz Beer die Zeit wieder in Bewegung, die Toten dürfen ruhen und die Lebenden werden ihnen folgen. Nicht die Totentanzmänner reichen uns die Hände, sondern die Vorfahren. Der diesen Text schrieb, muss sich nicht mehr schützen. Er berichtet unmittelbar das, was er erfuhr, tat und dachte. Unabgelenkt ist jeder Satz, wahrhaftig und unbeschwert von jeder Attitüde oder Sentimentalität.

»Ich weiß nicht, ob es Gott gibt, aber ich handle so, als ob es ihn gibt«, habe sein Vater ihm als Junge gesagt, schrieb Fritz Beer.

1957 sah ich den Film »Bei Nacht und Nebel«, Aufnahmen aus den Konzentrationslagern, kurz nach der Befreiung durch die Alliierten. Während der Film vor mir auf der Leinwand ablief, war ich unfähig zu begreifen, was ich sah. Erst in der Nacht darauf begann ich eine Verbindung herzustellen zwischen den Bildern und der Wirklichkeit, die sie zeigten. Was ich sah, war geschehen, war das Ergebnis unzähliger Taten. Nachts allein im Bett begann ich zu schreien. Doch lösten die Bilder sich nicht durch mein Schreien auf, blieben hartnäckig immer dieselben. Menschen, nicht mehr erkennbar, ob sie tot oder noch lebendig waren, lagen auf einem Platz, übereinander zusammengeschoben durch die Bulldozer. Es hätte ein unentwegtes Schreien in unserem Land geben müssen, ein nicht endender Aufstand, so dass niemand mehr beruhigt in seinem Haus hätte bleiben können. Schlaf wäre unmöglich gewesen und keine Trennung von uns und dem, was geschah. Mich verließen diese Bilder nie und das Wissen, zu was scheinbar gute Bürger fähig sein können, wie auch die Erfahrung meiner Teilhabe, gebunden an mein Land.

Ich erinnerte den Text nicht, der den Film begleitete, und kannte auch nicht den Autor, der die deutsche Fassung des Textes gemacht hatte, Paul Celan. Erst Jahre später lernte ich ihn in Rom kennen. Nach einer langen Nacht der Diskussionen bei Max Frisch gingen wir früh morgens über die Via Appia, um den Sonnenaufgang zu erwarten, während wild kostümierte römische Hobbyjäger über die Campagna strichen und auf Vögel schossen. Celan war liebenswürdig und gesprächig, Rom tat ihm gut, wie er sagte. Auf unseren Vorschlag, er möge doch nach Rom übersiedeln, sagte er, dass er Paris nicht verlassen könnte. In einem seiner späteren Gedichte heißt es ... *wärest du in Paris, würdest du deiner bitterer inne*. So fuhr er wieder fort, der bitteren Spur folgend.

Zum 11.9. Wo kommen wir hin, wenn wir nichts mehr ehren, uns nichts mehr heilig ist?

An einem 11.9. (1973) wurde auch Allende ermordet, die Demokratie in Chile gestürzt.

Zu spät, das Menetekel des Alters. Zu spät die Erkenntnis über meine Generation, dass wir leichtfertig die Chance verspielten, die wir hatten. Zu viel Aufbau und zu wenig Katharsis. So beschränkten wir uns selber auf das Gängige, was sich kurzfristig auszahlt, und es gelten darum unsere Worte nicht viel für die Zukunft.

30.9. Immer wieder erzählen sich die Menschen, wo und in welcher Verfassung sie den 11.9. erlebten, wann sie vom Sturz der beiden Türme erfuhren, wann sie zum ersten Mal die Bilder im Fernsehen sahen und wie sie Freunde anriefen und zusammenkamen, um darüber zu sprechen. Wieder flog das Flugzeug in die Wand hinein und wieder stürzten die Türme zusammen und die Rettungsmannschaften drangen in die unteren Stockwerke und riefen: »Ist da jemand?« Und ohne Unterlass in den Straßen die Staub- und Qualmwolken, vor denen die Leute schreiend flohen, weiß ihre Gesichter, Haare und Kleidung ... Alles blieb unglaubhaft und musste deswegen immer wiederholt und neu erzählt werden, damit das Erlebte wenn nicht verständlicher so doch unzweifelhafter wurde. Auch ich repetiere die Geschichten wie meine eigenen. Dabei immer wieder die Frage nach dem Zufall oder der Schicksalswendung, immer dringlicher, je älter ich werde. Was ist unausweichlich, was ergibt sich? Kennt selbst der Tod unsere Namen nicht? Ist alles nur Willkür, Zufall?

In der Zeitung steht heute die Geschichte von den Schwestern, die sich am Morgen des 11.9. vor den beiden Türmen trafen. Die ältere arbeitete im ersten, die jüngere im zweiten Turm. Die jüngere entschied sich plötzlich, nicht zur Arbeit zu gehen. Sie sagte der Schwester, sie wolle draußen bleiben, der Tag sei zu schön. Doch die ältere Schwester ließ ihr das nicht durchgehen, bestand darauf, sie müsse ihre Arbeit ernst nehmen. Ohnehin würden sie beide sich ja gleich in der Mittagspause wiedersehen, könnten dann auch hinausgehen. Die jüngere ließ sich nur schwer überzeugen, aber schließlich gab sie der älteren nach und fuhr in das Büro im 117. Stockwerk, wo sie arbeitete. Jetzt ist sie tot, und die andere lebt und erinnert sich immer wieder an dieses letzte Gespräch, achtet auf Nuancen dabei, an die Haltung der Schwester, ihr Lachen, ihr Zögern, der Unwille, die Angst, der flüchtige Abschied. Hätte sie doch nur der Jüngeren erlaubt, die Arbeit zu vernachlässigen, dann würde sie noch leben. Ist es anmaßend von ihr, dass sie denkt, durch ihren Einspruch hätte sie die Schwester dem Tod ausgeliefert? Oder war es nur Zufall?

Es ist erstaunlich, wie normal alles weitergeht. Wieder arbeitet Robert in seinem Atelier und ich sitze am Computer und tippe Tagesnotizen hinein. Es ist die einzige Art, mich an dem Geschehen zu beteiligen, dessen Dramatik so fern unserem Leben ist. Allgemein ist eine latente Furcht zu spüren, auch wir, die wir jenseits des Kampffeldes sind, könnten getroffen werden, eine leicht hysterische Erwartung, es müsste noch Anderes und Schlimmeres geschehen, das uns ins eigene Fleisch schneidet. Es scheint uns nicht geheuer zu sein, dass wir verschont bleiben, unbeschadet von allem, obwohl wir nicht unbeteiligt sind.

OKTOBER

2.10. Nun verlieren sich die Tage haltlos. Unwiderruflich geht dieser Sommer zu Ende, dieser oft schwierige Sommer, weil mir noch nie das Alter so bewusst wurde, die Trennung von der Zeit der selbstverständlichen körperlichen Anwesenheit mit allen Fasern, mit allen Möglichkeiten. Ich bin mir meines

Körpers nicht mehr sicher. Im Spiegel nehme ich wahr, wie ich mich verändere. Die Wangen fallen seitlich ein und hängen schlaff neben den Nasenflügeln, der Mund zieht sich zusammen, umgeben von Falten. Die Zähne können noch beißen. Noch immer nicht frei der Körper von der Unterwerfung im Verlangen. Doch gab es eine Nacht, in der ich wusste, dass es vorbei war. Ich beugte mich über ihn, den ich liebe. Ich wusste, was ihn erschreckte. Auge in Auge mit ihm, zerfiel mein Gesicht.

In Bolsena sind die deutschen Zeitungen jetzt schon mittags ausverkauft. Ein langer Kampf gegen Terroristen ist angekündigt worden. Immer wahrscheinlicher wird der Krieg in Afghanistan. Genaueres erfahren wir nicht. Die Nebenerscheinungen des 11.9.: Fast alle Flüge in die USA sind gestrichen. Weniger Geld wird ausgegeben und überall spricht man von möglichen Entlassungen. Die Vorsicht der Leute. Sie warten ab. Gasmasken sind in Rom ausverkauft. Es gibt Gespräche mit Freunden, wohin man gehen soll, welches Land am sichersten ist. Aber wer kann es sich schon aussuchen. Massimo erwartet, dass die Menschen jetzt ernsthafter werden. Werden sie es? Oder wird nicht im Gegenteil eine leichtsinnige Stimmung aufkommen? Ich erinnere mich an Paolo Milano, Literaturkritiker in den sechziger Jahren in Rom. Von ihm hörte ich damals, dass in der finsteren Zeit, während Italien von den Faschisten regiert wurde und er im Konzentrationslager war, die Gefangenen sich am liebsten harmlose, witzige Geschichten erzählten, rosarote Geschichten. Das Leichte war wichtig, das, was nicht noch zusätzlich beschwerte.

Jürgen Dahl erzählt mir am Telefon, dass er jetzt Bücher liest, die er nie zuvor las. Rosamunde Pilcher am liebsten. Sie sind etwas langweilig für ihn, weil die Dramaturgie offensichtlich ist, sich immer die gleichen Konstellationen wiederholen. Aber sie schaffen ihm Erleichterung, indem sie ihn harmlos unterhalten und fern wie im Kino sentimentale Glanzpunkte des Lebens aufscheinen lassen, auf die er sich lesend konzentriert, so – zeitweise sich selber befreiend – den Blick lösen kann von dem, was unaufhaltsam ihm näher kommt.

4.10. »Ich schreibe über das Alter«, sage ich zu Claudia am Telefon, als sie mich fragt, was ich mache. Sie scheint erfreut zu sein, denn wenn sie es mir auch nicht hatte sagen wollen, nun da ich selber davon sprechen würde, könnte sie es mir ja sagen, dass ich tatsächlich sehr alt geworden sei –»Es ist immer eine sprunghafte Entwicklung«, sagt sie in einem belehrenden Ton, als hielte sie einen Vortrag in ihrem Kolleg. »Lange Zeit denkt man, es geschieht gar nichts. Doch dann springt die Zeit vorwärts und du bist uralt.« »Meinst du«, sage ich plötzlich unsicher. Und sie etwas übereifrig: »Du siehst das doch selber. Wir waren uns immer einig, uns nie etwas vormachen zu wollen. Irgendwann kommt der Einbruch, das ist normal.« Wofür rächt sie sich, denke ich, und hat sie das nötig? Manche brauchen einen anderen, der zu bemitleiden, zu verachten ist, dümmer, älter ... wie auch immer. Aber von ihr hatte ich es nicht erwartet.

»Bist du noch am Apparat?«, fragt Claudia.

»Ja, warum nicht?«, sage ich und denke, ich würde jetzt gerne eine Katze sein, irgendein Tier, leichter und umständlicher werden, nichts mehr wichtig nehmen, davongehen auf leichten Sohlen.

Zur Zeit also bin ich empfindlich und so wenig wie Cyrano von Bergerac es zuließ, dass jemand seine übermäßig große Nase auch nur im Spaß groß nannte, so will ich nicht auf mein Alter plump hingewiesen werden. Und wie er seine Nase, mag ich das Alter nur selber verspotten und suche mir die Argumente zusammen im Stile des Herrn von Bergerac, ein eilig geflüsterter Monolog, den ich meinem Abschiedsgruß an Claudia hinterherschicke. »Gut, gut«, sage ich, »die Nase konnte Herr von Bergerac damals so wenig ablegen wie ich das Alter, es sei denn unter Aufgabe des Lebens. Aber fällt dir nicht mehr dazu ein, als mich uralt zu nennen?«

Die Tonart lässt sich geistvoller variieren, rief Cyrano, als er begann sich selbst zu verspotten und willig folge ich ihm.

Ausfallend könnte ich sagen: Was machst du denn noch auf dieser Welt? So greisinnenhaft würde ich mich nicht auf die Straße trauen.
Oder boshaft anmutig: Du erinnerst mich an Dürers Mutter. Ich hatte dieses Bild immer gern, es zeigt wie weit der Mensch es bringen kann.
Zudringlich: Bist du schon so vergesslich, dass du vergisst, dass du alt bist?
Mitleidig: So verfallen sah ich dich noch nie, die Haare lassen sich bald einzeln zählen. Zartfühlender dasselbe: Vielleicht solltest du ein Schleierhütchen tragen, damit das Verborgene noch ein Geheimnis verspricht.
Eher pedantisch dann: Statistisch gesehen gehörst du zur Mehrheit einer unerwünschten Gruppe.
Neugierig: Was hält dich noch auf dieser Welt?

Oder anteilnehmend: Niemand ist ohne Chancen.
An dir können die Jungen erkennen, was auf sie zukommt.
Vorsichtig: Ist dein Zustand ansteckend, unheilbar sogar?
Freundlich: Welch ein Gewinn, so alt geworden zu sein. Dann hattest du ja schon alles.
Warnend: Du solltest große Vorsicht üben, die Welt, wie deine getrübten Augen sie sehen, gibt es längst nicht mehr.
Oder gemein: Glückwunsch, die Transformation von einer hübschen Frau in eine alte Vettel ist doch sehr gelungen.

Als ich 1944 in Lübeck in die Schule ging, gab es einen in Holz geschnitzten Spruch über der Tür, die zur Aula führte: Ein unnütz Leben ist ein Früher Tod. Ich verabscheute diese Sentenz, sie rief meinen Widerwillen hervor. Doch die Nazis liebten solche Sinnsprüche und brachten sie überall an. Vielleicht lag es auch in der Zeit, eine Manie, ständig erinnert zu werden an das, was erwünscht war.

Im Zimmer meiner Mutter in Berlin hing ein Spruch: Wer schaffen will, muss fröhlich sein. Und, o ja, wir waren fröhlich, hielten uns fröhlich. Was anderes wäre ja unnütz gewesen. Unnütz wie der Tod der Freunde meines Bruders, die mit sechzehn Jahren Flakhelfer wurden und mit achtzehn schon begraben.

Plötzlich nachts die Angst: Ich werde aus der Welt gehen und nichts verstanden haben.

»Stört es dich manchmal, dass ich schon so alt bin?«,

frage ich Robert. Er sagt nicht, was ich erwarte, etwas Freundliches, die Situation Entspannendes für mich, sondern antwortet sachlich richtig: »Ich bin doch selber alt.« Vielleicht verschwindet gerade in diesem Moment die Chance, sich aus dem Gewohnten zu lösen, aufzustehen und zu gehen, dies *Nimm dein Bett und gehe*, zum Lahmen gesagt.

6.10. Abschied von Bagnoregio. Gestern schwammen wir noch einmal im See. Der Strand war fast leer. Nur zwei Kinder haben nah am Wasser eine kleine Anlage aus Sand gebaut mit einem herzförmigen Stein in der Mitte und zwei Eingängen. Sie ist so klein, dass man sie nur mit den Fingerspitzen oder den Augen betreten kann.

Kein einziger Caravan mehr auf dem großen Parkplatz, der im Frühjahr neu angelegt wurde. Die Blätter der Platanen verfärben sich, lichter wird die Allee. Viele Häuser sind schon geschlossen. Kleinstadtstimmung, für mich mit einem Hauch von Nostalgie. Doch tatsächlich ist es eine irdisch gesättigte, nüchterne Stimmung. So als wäre eine Aufführung *Sommergäste* zu Ende gegangen und die Schauspieler hätten sich unauffällig hier und da im Ort verteilt und gingen nun inkognito gewöhnlichen Beschäftigungen nach, geradeso, als wären die großen Gefühle für den Sommer reserviert.

Den ganzen Tag sind wir überaus geschäftig, räumen das Atelier leer, verpacken die Bilder in Kartons. In der Wohnung lege ich die Sommersachen weg, sie werden hier bleiben. Tisch und Stühle von der Terrasse werden hereingeholt, die Blumentöpfe den Nachbarn gebracht. Wir verabschieden uns von Fumatore, Frau Marini, von den Nachbarn, Rosario und Adalgisa.

»Sonderbar«, sagt Fumatore zu mir, »jeden Abend bin ich froh, wenn die Arbeit beendet ist. Aber später dann werde ich nicht froh darüber sein.«

Das Auto kommt wieder in Rosarios Garage. Morgen früh wird uns Pino zum Bahnhof nach Orvieto fahren.

7.10. Ein Tag in Venedig, um Gregor Schneider zu treffen und sein *Haus Ur* zu sehen, seinen Beitrag zur diesjährigen Bienale, mit dem er den großen Preis von Venedig gewann. Ich sah das Haus schon in seiner ursprünglichen Umgebung nah am Rand des Braunkohletagebaus, eines hoffnungslos verkommenen Gebietes bei Rheydt. Damals schon hatte Gregor Schneider es ständig umgebaut, um das Spezifische eines solchen Hauses deutlicher zu machen. Das Haus als Albtraum. Jetzt wurde das Haus in den faschistisch geprägten deutschen Pavillon hineingebaut. Eine Abnormität mitten in den venezianischen Gärten. Ein besonders trostloses deutsches Kleinbürgerhaus, das nun hier, nah dem Meer und der herrschaftlich prunkvollen Schönheit der Stadt, geradezu wie ein Ort der Verdammnis wirkt. Sobald wir hineingehen, werden wir bedrängt von den Ablagerungen des täglichen Lebens, der Misere der Armut, der Vernichtung durch das Hässliche. Kunst ist hier: die unerbittliche Übersteigerung des Perfiden, ein Naturalismus, der das Abgenutzte sichtbar macht, das sich sonst oft unter einem gefälligeren Äußeren verbirgt. Das schäbig alt gewordene Haus, das vom verbrauchten Leben Zeugnis gibt. Eine Wunde, nicht mehr zu heilen, da erstarrt, zur Besichtigung freigegeben. Auch dies zeigt Heimat, zeigt Altern unter den Bedingungen des psychischen und physischen Elends, unrettbar weit fortgeschritten.

Am Nachmittag fliegen wir über die Alpen gen Norden. Durch das Glas des Fensters nehme ich wie ein Außerirdischer die Welt wahr mit einer ihr fremden Geschwindigkeit. Im Zeitraffertempo dringen Nebelschwaden in die Täler unter mir. Isoliert die Bergrücken, dunkle rissige Tierrücken, die zum flüchtenden Horizont hintreiben. Wir sind ausgesetzt in der Himmelsfläche. Vergehend alles um uns herum im eiligen Fluss, aufsteigend und sich verschiebend, aufreißend, glättend und verfallend. Dem Meer vergleichbar doch gestaffelter sichtbar. Materie, die aus Bewegung entsteht und vergeht. Jenseitige Welt mit gelegentlichen Blicken auf unsere. Die Wolken zerfasern sich. Durch unsere eigene Bewegung sind wir nur vorübergleitende Beobachter, die immerfort den Überblick verlieren. Wir nähern uns der Erde. Der Schatten unseres Flugzeugs begleitet uns jetzt am Himmel. Während wir sinken, nähert er sich immer mehr und verbindet sich endlich mit dem Flugzeug, das nun landet. Wir sind zurück in Deutschland.

9.10. Wieder in Düsseldorf. Der Hafen, der Rhein, das Licht am Morgen, die Wohnung, das Geschäftige, das Unsinnige, das *too much of nothing*. Alles, wie wir es verlassen haben in einem anderen Leben, in das wir jetzt wieder zurückkehren wollen. Bei der Post, die sich hier während der Wochen unserer Abwesenheit angesammelt hat, finden sich vor allem Drucksachen. Einladungen zu Eröffnungen von Ausstellungen, die schon längst wieder geschlossen sind. Am Abend erstes Treffen mit Freunden. Auch hier die Meinung, die Zeit der Spaßgesellschaft sei vorbei. Doch wird nicht sichtbar, was an ihre Stelle treten wird. Im Geschäftsleben ging es ohnehin im-

mer zur Sache, da hörte schon vorher das Spaßige auf.
Unter der fröhlichen Surfbewegung über eine glitzernde Oberfläche verbarg sich stets zielstrebig Kalkuliertes und wirkte nachhaltig.

10.10. Die Nacht ungewohnt unruhig. Während wir fort waren, hat sich am Ende des alten Handelshafens eine Disco etabliert. Je später es wird, umso deutlicher höre ich das Dröhnen der Musik. Sie schwillt an und stürzt fort, geht weg und bleibt, wird fortgefegt und sammelt sich zu einem endlosen Kreisen, unter dem das wummernde Stampfen der Bässe weitergeht, vorandrängt und Platz schafft. So entfernt bin ich der Musik, dass keine einzelnen Instrumente hörbar sind, auch kein Innehalten, sondern mir nur deutlich wird das ständige Kreisen um einen unsichtbaren Ort, aufgebaut durch Atem und Glut, wie das riesige Rund einer hoch aufgebauten, mit Musik erschaffenen Arena. Ein Gebäude aus Tönen, ganz unten entfernt auf der Straße, ein Rundbau gebildet aus sich steigernden Klängen, die nicht nachlassen, sich beschleunigen und sich tiefer in die Nacht drehen, ein siedender Kessel, in dem sich die Lust vollzieht. Ich kann es hören, die Musik ist wie ein lodernder Kranz, in dessen Mitte die Tanzenden sich drängen. Sie öffnet einen Platz, umtobt ihn und zieht sich in Feuerstößen in die Höhe und mitten in ihr das Fleisch, die Lust, die Begierde, die Vereinigung. Wie die Musik einheizt und dies alles unten am Ende der Straße, vorhanden nur durch die Musik, und ich höre dem allen zu wie ein Kind, das am Rande stehen bleibt und nachdenklich lauscht.

Günther Uecker überträgt die Entwürfe, die er für meine Erzählung *Sarajewo 96* macht, auf Folien. Er steht gebeugt über den milchigen Bögen, die auf der Erde liegen, drückt in schwarze Farbe getauchte Splitter und Nägel auf die Flächen, arbeitet mit dem Pinsel und wischt mit den Fingerkuppen in die gemalte Struktur, so die Erregung des lebendigen, verletzbaren Körpers mit hineinmischend in die vernichtete, vernichtende Materie. Er hat den ganzen Nachmittag gearbeitet und ist erhitzt. Ich komme gerade in dem Augenblick zu ihm ins Atelier als er fast fertig ist, sehe ihn die letzten Eingriffe machen. Dann richtet er sich auf, tritt zurück und betrachtet die Blätter, zufrieden wie ein Jäger die Strecke des von ihm erlegten Wildes. Schwarze Tusche, glänzend dickflüssig, noch feucht, zeigt Zerstörerisches und Zerstörtes, Verhaue, Öffnungen, Leere. In der Abfolge wird der sich steigernde und zum Ende des Buches hin abfallende Rhythmus deutlich durch das Potential der Zeichen, welche diese Kriegsgeschichte, die Geschichte einer wiedergängerischen Erfahrung des Krieges, begleiten. Sichtbar wird etwas von der Kraft der Vernichtung und vom Unausweichlichen der Gewalt, auch von ihrer Faszination. Uecker arbeitet unmittelbar, setzt Zeichen mit einer in seiner Ausdeutung direkten, unbefangenen Sinngebung. Dabei benutzt er Nägel, Erde, Asche, Holz und Leinwand wie ein Handwerker, der um das Eigenleben seines Materials weiß. Doch dann sublimiert er, bringt Ungewöhnliches in Gedanken zusammen und überträgt dies ins Bildnerische. Seine Art zu arbeiten und zu leben ist großzügig und selbstsicher, nie unbedacht. Ich kenne keinen anderen Freund, der so aufmerksam anderen gegenüber und oft so abwesend ist. Was er an Kunst und Gedanken aufnimmt, verleibt er sich ein.

11.10. Heute bekam ich die Nachricht, dass Jürgen Dahl gestorben ist. Er ist als Lebender mir noch nah, wie kann ich mir vorstellen, dass er von nun an nicht mehr da sein wird. Die Welt wird unbewohnbarer durch den Verlust von Freunden. Mit den Jahren schärft sich das Gefühl dafür.

Sein Garten wird von anderen Leuten wieder eröffnet werden oder auch nicht. Wahrscheinlich hätte er nichts dagegen, wenn das Land verwildern würde. Ich erinnere mich an unsere Unterhaltung, als er sagte: »Es ist ja auch andererseits ein Trost, dass alles weitergeht. Es ist ja angeblich ein Trost ... Aber nein, so richtig nicht.«

»Doch, dass die Menschen, die du liebst, weitergehen?«

»Natürlich, das ist schon richtig, aber es ist kein Trost im Sinne von ...«

Er schwieg und ich versuchte den Satz zu Ende zu führen: »... dass sie etwas bewahren, sich an dich erinnern?«

»Nein«, sagte er, »das ist Halbwertzeit, fünf Jahre. Es schrieb mir gerade ein netter, jüngerer Mensch aus Bozen, wo ich mal einen Vortrag gehalten habe, und der hat mir zwei Seiten darüber geschrieben, was alles von mir bleiben würde und so. Dem hab ich geantwortet, Halbwertzeit fünf Jahre. Ich vergesse ja auch die Leute, vergesse Menschen und vergesse Bücher, die mir Eindruck gemacht haben, die wichtig waren für mich, an die ich mich ganz vage jetzt erinnere, ach ja, damals. 70 Jahre, das ist das biblische Alter. Das Leben währet 70 Jahre. Und ich finde das auch in Ordnung, dass es dann vorbei ist. Vor allem im Hinblick darauf, dass bei uns diese Verlängerung des Lebens mit einer schleichenden Entwertung verbunden ist, also alles Mögliche nicht mehr zu können und nicht mehr zu wollen und gepflegt werden zu müssen und Geld zu kosten. Ist alles ein bisschen anstößig. Ich denke, dass wir wieder zu einer anderen Medizin zurückkehren müssen, aus Armutsgründen einfach.«

Jetzt frage ich mich, welchen Trost meinte er, »im Sinne von ...«?

Immer mehr Freunde bleiben zurück in der vergangenen Zeit. Wir nehmen Abschied von Menschen, von Orten und Landschaften, von Ideen, Hoffnungen und den Tagen und Jahren. Abend für Abend in Erwartung der Nacht und mit der Nacht uns selber entlassen.

Ich werde geizig, ich sage: »Wie schade, dass auch dieser Tag vorbei ist.« Das kannte ich früher nicht. Doch wenn *in der Geburt schon der Tod steckt* (Walt Whitman), so in der Jugend das Alter und umgekehrt. Gewisse ähnliche Möglichkeiten sind unverkennbar, das Umherschweifen, noch oder wieder ungebunden sein, die Stufe vor einer ernsteren Bewährung.

Manchmal gelingt es mir jetzt, ziellos durch die Stadt zu gehen, um Überraschendes zu sehen, was ich zuvor übersah. Weil ich meistens in Eile unterwegs war, immer auf das Nächste aus, die Scheuklappen der Betriebsamkeit angelegt vorwärts durch den Tag strebte, als müsste ich die Zeit schnell hinter mich bringen. Jetzt verweile ich, übe das Verweilen, wünsche deutlicher zu erkennen, was ich sehe, was mir begegnet. Ich nehme mir Zeit. Was mich erwartet, kann warten. Der Augenblick ist mein.

12.10. Afghanistan wird bombardiert. Wieder heißt es, Kabul wurde angeflogen, diese Stadt, von der wir schon vor dem Krieg nur die Bilder von zerstörten Häusern sahen. Nur wenig authentisches Bildmaterial aus den Kampfgebieten wird jetzt gezeigt. Vor allem Bilder der Landschaft, uns so entfernt durch die Fremdartigkeit. Die Toten liegen vereinzelt auf der Erde, die Gesichter ihr zugewandt, verborgen in ihren Gewändern. Das sehr Entrückte dieser Szene und das Brüderliche der Toten, das Nahe im Fremden.

Die Zeit scheint stehen zu bleiben bei all den sich ständig wiederholenden Bildern in den Tagesschauen. Mein Widerwille, ja Ekel, wenn ich die Propagandaworte höre, die uns den Krieg schmackhaft machen sollen und gleichzeitig weitere ankündigen. Die Missachtung der Worte kränkt mich, ihr leichtfertiger, so offensichtlich lügnerischer Gebrauch. Immer deutlicher wird, kein Einspruch wird aufhalten, was jetzt langsam und unerbittlich in Gang gesetzt wird. Las bei Hannah Arendt: *Nicht die Untätigkeit, die Müdigkeit ist der Fluch des Alters, sondern das über die Jahre angehäufte Wissen von so vielen vergeblichen Bemühungen und wie langsam die Hoffnungen wieder erstickt wurden, die wir in der Jugend hatten nach dem Ende des Krieges, als wir meinten, der Ausbruch des verbrecherischen Schreckens wäre so gewaltig gewesen, dass er sich erschöpft hätte und wir achtsamer wären nun in der Gegenwart, eine andere Zukunft aufbauen würden, wo dergleichen nie mehr möglich sein würde ...*

Hoffnung, die wir hatten. Und wo sind wir gelandet?

Ich erinnere mich an ein Plakat vor einigen Jahren. Ein kleines, schelmisch lachendes Kind machte Werbung für eine Altersvorsorge. Seine Worte standen in einer Sprechblase: WENN ICH GROSS BIN, WILL ICH OPA WERDEN, WEIL ICH DANN RENTE BEKOMME.

13.10. Was ist das Alter? Welche Bedeutung hat es? Auf den Bildern Caravaggios sind die Alten die notwendigen Partner der Jungen. (Beide besetzen die Seitenflügel des dreiteiligen Bildes unseres Lebens.) In Rom sah ich Caravaggios Bild *Judith tötet Holofernes*. Es zeigt drei Menschen: die junge Frau, die alte Frau und Holofernes, im Moment seines Todes. Holofernes ist außer sich vor Schmerz und Empörung, das Leben hergeben zu müssen, ganz animalische Kraft, die vernichtet wird. Judith, die Schöne, Verführerische, die mit dem Schwert ihm das Haupt vom Rumpf abschlägt, weicht schaudernd zurück, während sie ihre Mission, ihr Werk, vollzieht. Sie ist zu nah dem Leben, um den Tod zu begreifen, auch wenn sie ihn austeilt.

Zeugin ist die alte Frau, die Magd, Sinnbild des Alters für mich. Die Haut bedeckt die Knochen, als löse sie sich schon ab. Der ungeschönte Zustand. Doch zugleich wird die Eindeutigkeit dieser Person deutlich, ihre erhöhte Wachsamkeit. Der Tod ist erschreckend anders für sie als für die Junge, weil sie dem Tod selber nah ist, er ihrem Körper seine Botschaften schon mitteilt, das langsame Näherkommen. Sie sieht den Sterbenden an und in ihrem einen uns sichtbaren Auge zeigt sich Entsetzen, aus Kenntnis der Phasen des Sterbens, und die Gier, unerbittlich alles aufnehmen zu wollen. Das ist ihr Anteil. Keine Frage, sie ist alt, sie kann uns das Altern lehren. Kein

Lächeln mit falschen Zähnen, kein: Hoppla, wir sind ja noch jung. Nein, hier ist das Alter angenommen, wird überhaupt nicht in Frage gestellt. Alter als Form der Existenz, in der Rolle der Zuschauerin, die dem Drama des Lebens, der Handlung des Tötens, mit scharfem Blick zusieht und, geschult durch das Leben, es auch ansehen kann. Sie weiß, dass die grässlichsten Dinge geschehen, zwangsläufig nach unserem Denken.
Die Qual des Sterbens auf dem Gesicht Holofernes', die Gegenwehr, der Schwertstreich, das hervorschießende Blut ... die Alte betrachtet dies mit einer weit größeren Aufmerksamkeit als Judith es vermag. Erhöhte Aufmerksamkeit und zugleich Distanz zum Geschehen, das erscheint mir als die große Möglichkeit des Alterns. Die alte Frau ist an der Seite von Judith, aber achtet nicht auf sie, die fast erstaunt Handelnde, die sich so dem Erwachsenen vermählt, sondern auf den Schrei des Todes. Ihre Anwesenheit gibt dem Geschehen eine schicksalhafte Dimension, bindet es in den Fluss der Geschichte mit ein.

Nicht von ästhetischen Reizen ist hier die Rede, sondern von der Kraft des Lebendigen. Es scheint so, als ob diese alte Frau einen hierzulande selten gewordenen Typus vertritt. Obwohl immer mehr Menschen in den Zustand des Alters eintreten, haben wir nur wenige, die wie sie ihn vertreten. Es gehört dazu die schamlose Sicherheit dessen, der um sein Ende weiß. Caravaggios alte Magd lehrt mich, dass die Kenntnis und der scharfe Blick erst im Alter zu haben sind, wenn man es sich denn zugesteht, in diese Rolle zu wechseln und dies mit unsentimentaler Härte tut, erfüllt von dem Glanz des Lebens, den Caravaggio allen drei Gestalten gleichermaßen gab.

15.10. *Älterwerden heißt: ein neues Geschäft antreten. Alle Verhältnisse ändern sich. Und man muß entweder zu handeln ganz aufhören oder mit Willen und Bewußtsein das neue Rollenfach übernehmen.*
(Goethe)

Ich ordne die Aufzeichnungen meines Großvaters und meine eigenen Notizen, Lübecker Erinnerungen, Einfälle, Briefe. Ordne auch alle anderen Dinge im Haus, für mich, für Robert, für die fernen Kinder, die Bürokratie, die Steuer, die Krankenkasse ... die üblichen, mächtig anschwellenden Prozente geschäftigen Leerlaufs am Tag. Das Ordnen ist wie das ständige Händewaschen derjenigen, die sich unschuldig fühlen möchten. Es ist kein Ende abzusehen dieser Geschäftigkeit des Händewaschens, des Aufräumens, Sortierens, Aussortierens von notwendigem und unwichtigem Kram. Wir schützen uns mit all dem Zeug und ersticken auch darin. Immer in Sorge, damit die beste Zeit unseres Lebens zu vertun, lassen wir doch nicht davon ab, Formulare auszufüllen, Tabellen zu erstellen, neues Zeug anzuschaffen und altes wegzulegen. Das Haus ist ein verschachteltes Universum. Auf dem Dachboden stapeln sich Schriften und Bücher, manche noch immer ungelesen, andere wieder fremd geworden, Briefe parfümiert mit Erinnerungen und dann all die Restbestände von Erbschaften, die niemand haben wollte und die sich schließlich bei uns ansammelten. Ich möchte alles fortwerfen, zögere dann wieder, weil dies Requisiten vergangener Lebensläufe sind. Fotoalben, Diakästen, Militärbücher, gestickte Kissen, die Standuhr mit dem Mahagonigehäuse. Früher wurden Kleider vererbt. Welche würde ich in einer Truhe aufbewahrt haben, lebten wir noch in einer Zeit, die selbst die Gewänder von einer Generation zur nächsten weitergab?

Kleider markieren Stationen des Lebens. Gleich nach dem Krieg war es für mich eine Sensation, ein neues Kleid zu bekommen. Das erste bekam ich in Lübeck aus einer hellblau gestreiften Gardine genäht, die meine Tante Harriet, die aus dem Baltikum geflüchtet war, vom Fenster abnahm, um mir daraus ein Kleid für ein Fest zu nähen, das sie für uns junge Leute gab. Das zweite war mein Hochzeitskleid aus Fallschirmseide, als ich 1948 heiratete. Einige Jahre danach gab es dann das erste fertig gekaufte Kleid, als wir Einführungsvorträge für die Ruhrfestspiele hielten. Ein italienisches Kleid, eng wie eine Schatulle. Später das Kleid, als ich zur Tagung der Gruppe 47 nach Schweden fuhr, und es hieß, wir wären vom König eingeladen.

Ich verstand gut, dass eine Freundin von mir, die den Krieg als Kind erlebt hatte wie ich, als sie sich in den achtziger Jahren einen Wintermantel kaufte, mir sagte, ein Wintermantel muss immer solide sein, geeignet, wenn man mal flüchten muss. Und das, obwohl sie seit Jahrzehnten schon wohlbehütet in den ruhigsten, sichersten Verhältnissen lebte.

Nie zu vergessen die Rucksäcke und Koffer im Luftschutzkeller 1943 in Berlin, in denen das Nötigste war, das man retten sollte, wenn das Haus getroffen wurde, in Flammen aufging.

Während der Kriegsjahre in Sarajewo wussten die Bewohner nicht, wenn sie das Haus verließen und die Straße betraten, ob sie ins Haus zurückkommen würden. Manche der jungen Frauen (auf den wenigen Fotos, die ich aus dieser Zeit kenne) hatten eine Blüte ins Haar gesteckt, machten sich schön – nicht wissend, ob sie von einem der Scharfschützen, die oberhalb der Stadt ihren sicheren Hort hatten, ins Visier genommen und verletzt oder getötet werden würden. Daran denke ich, wenn ich ganz alte Frauen sehe, die saubere Wäsche anziehen und sich sorgfältig zurechtmachen, bevor sie ihre Wohnung verlassen, weil sie fürchten, vielleicht unterwegs von Schwäche übermannt zu werden, zu stürzen und nie wieder ihre Wohnung betreten zu können.

16.10. Ich versuche mich zu erinnern, wie ich das Alter meiner Mutter empfand, wie ich meinte, dass sie in einem immer gleichen Zustand verharrte, der Kartause des Alters, während für mich die Zeit eilig und tätig verging. Meine Mutter machte mir regelmäßig Szenen, um sich bemerkbar zu machen. Damit brach sie wenigstens für einige Stunden aus diesem ihr zugewiesenen Zustand aus und forderte meine Aufmerksamkeit. Aber die Szenen ermüdeten mich und trennten uns voneinander. Nicht selten schaltete ich den Anrufbeantworter an, um nicht zu jeder Zeit erreichbar zu sein. Es gab Zeiten, da fürchtete ich mich vor diesen Ausbrüchen. Erst später begriff ich, dass es hilflose Versuche von ihr waren, um herauszukommen aus ihrem »Refugium«, wie wir es nannten, während sie von »Abschiebehaft« sprach. Jetzt versuche ich mich selbst zu betrachten und weiß, ich scheine den nun Jungen – wie mir meine Eltern zuvor – in einem gleichmäßigen Zustand zu verharren. Dabei spult sich für mich die Zeit immer schneller ab und ich warte ungeduldig darauf, dass endlich ein

Sinn deutlich wird, eine Abfolge, die mich erkennen lässt, dass wir nicht zufällig hier existieren.

Wenigstens für einen Moment den Schauder spüren, die Ahnung einer Öffnung und was daraus auf uns zukommt, welche Möglichkeit der Erlösung.

Die Unsicherheit eines alten Menschen, manchmal scheint alles zu schnell zu gehen – andererseits öffnen sich für ihn neue Felder, in denen er atemberaubend sicher agiert. Diese sich überdeckenden Felder der Vergangenheiten, deren oberste Lage, die Gegenwart, oft eher unverbindlich bleibt. Erregender sind jene, die sich in den vielen Jahrzehnten des Lebens gebildet haben. Man geht wie auf Kissen, so viel Stoff ist übereinander gebreitet worden, und zuweilen versinkt man. Dann möchte man sich nicht rühren, weil eine längst vergangene Situation wieder gegenwärtig ist, welche mit solch betörender Eindringlichkeit sich darstellt, dass man behutsam nur weitergeht, um das Bild nicht zu zerstören, was nicht von dieser Zeit ist.

18.10. Wieder mal meine Unfähigkeit, das allgemeine Leben und Gequatsche als sinnvoll zu empfinden. Immer wieder der Versuch, in die Mitte der Strömung zu kommen, um den Fluss zu erfahren.

Diskussionen um Verschärfung der Bestimmungen, die das Abhören von Wohnungen erlaubt. Alles Präventivmaßnahmen, wie es heißt. Da niemandem zu trauen ist, vervielfältigt man die Gesetze, schafft ein engmaschiges Netz, aus dem jeder entkommen will.

19.10. Die USA werfen Essenspakete über Afghanistan ab. Ihr Inhalt: 42,52 g Erdnussbutter, 65 g Rosinen, 2 Beutel Erdbeermarmelade je 28,35 g, Linseneintopf, 255 g, Bohnensalat, 255 g, 1 Fladenbrot, 2 Kräcker, 4 g Zucker, ein Fruchtriegel, Salz, Pfeffer, ein Plastiklöffel, ein Reinigungstuch.

Ständig gibt es die Nachrichten, um zehn, um elf, um zwölf, auch jede halbe Stunde noch in einigen Sendern. Wir wollen auf dem Laufenden bleiben. Zuweilen ein sonderbarer Zwang, wissen zu wollen, was gleichzeitig mit unserem Leben geschieht. Während wir telefonieren, schreiben, reden – in der Zeit sind die Bomben gefallen, der Tunnel explodiert. In den Nachrichten immer wieder die Zahlen der Toten – wie gewöhnt man sich daran – vierzig heute bei den Bombardierungen mit Streubomben. Dazwischen die Zahl der Toten beim Attentat in Tel Aviv, im Gazastreifen ... unser unentwegtes auf der Stelle tretendes Erschrecken. »Fünf Minuten vor zwölf«, wie oft ist dies gesagt worden, zwölf der Endpunkt. Der Punkt, wo die Zeit sich auflöst, aus der Abfolge ausschert, keine weitere Zahl verspricht.

»Vielleicht ist alles, was ich schrieb, eine Auseinandersetzung mit dem, was in Deutschland mit den Juden geschah«, sagte Walter Kempowski. Er hatte erst 1956, als er nach acht Jahren aus dem Gefängnis in Bautzen entlassen wurde, im ganzen Umfang vom Holocaust erfahren. Sein Verlangen, Chronist zu sein, nichts von dem, was geschah, auszulassen. Sein Entsetzen: »Wenn Tagebücher verloren gehen, gehen Menschen verloren.« Er bestätigte mich, Tagebuch zu führen. Als ich ihm von diesem hier erzählte, wurde mir selber deutlicher, dass es sich weniger um ein Tagebuch der laufenden Ereignisse handelt, sondern mehr um ein Gewebe, ein Alterskleid, oder um ein Unterfüttern der Tage mit den gewesenen.

21.10. »Heimat ist kein Ort«, sagte eben in einem Fernsehinterview Irina, eine 15-jährige Ukrainerin, die in Berlin lebt, »Heimat trägt man in seinem Körper und manchmal leuchtet sie.« Der Ausspruch verblüfft mich. Es ist der engste Begriff von Heimat, von dem ich je hörte, doch ganz zeitgemäß. Der Rückzug auf die eigene Person. In diesem Sinne auch verständlich die Darbietung des Körpers als authentische Bastion in einer medialen, von virtuellen Bildern geprägten Welt. Die nackten Tänzer bei Sascha Waltz im Ballett drücken nichts anderes aus, als dies Beharren auf das, was der letzte Beweis unserer lebendigen, erfassbaren Existenz ist. Ein Ausstellungsmacher lässt sich nackt auf einem Plakat als Reklame für eine seiner Ausstellungen abbilden – und so fort, das geht bis zur monströsen Schaurigkeit, die dies Verlangen nach Authentizität pervertiert, den *Körperwelten*, der mit Plastik haltbar gemachten, noch fleischlichen Toten, die, ihre vom Körper abgezogene Haut in Händen haltend, sich uns präsentieren, oder als apokalyptischer Reiter, enthäutet auf einem enthäuteten Pferd, zum ersehnten Schauobjekt werden.

Für mich ist die Frage noch immer ungeklärt. War Lübeck meine Heimat? Mehr als jeder andere Ort war er mir bekannt seit meiner Jugend. Die meisten meiner Verwandten lebten dort. Wenn ich mich jetzt erinnere, weiß ich, dass über die ganze Stadt verteilt Menschen wohnten, die zu unserer Familie gehörten, mehr oder weniger vertraut. Eine sehr unterschiedliche Gesellschaft, die sich nur gelegentlich zu bestimmten Festen zusammenfand und so sich selber und auch mir eine Vorstellung gab von dem, was sie den Zusammenhalt nannten, auf Treu und Glauben. Ich brauche nur die Tapetentür zu öffnen, die mich in das Landschaftszimmer des Schabbelhauses in Lübeck führt und sehe sie alle miteinander, wie sie in diesem Restaurant feierten mit Freunden, die ihnen seit langem nah waren und mit Verwandten, die sie liebten und zuweilen auch beargwöhnten. Doch sah man an einem solchen Festtag über alle Vorbehalte hinweg, die man sonst zuweilen pflegte. Hatte man nicht immer gewusst, dass die Mitglieder des Rigaer Zweiges der Familie besonders leichtsinnig waren und die Bucks nicht so tüchtig wie die Stolterfohts? Aber lassen wir das jetzt, denn in diesem Augenblick steht Kurt Buck auf, der Bruder meiner Mutter, dem zu Ehren heute ein Fest stattfindet. Er liest nicht wie sonst seine Rede ab, sondern spricht frei, weil er blind geworden ist.

Er spricht einige der Gäste an, die ihn begleitet haben seit seiner Studienzeit bis zum fünfundsiebzigsten Jahr, und das Ungewöhnliche beginnt in dem Augenblick, da der erste der Angesprochenen sich unerwartet erhebt und antwortet, kaum dass mein Onkel sich wieder hinsetzte. Er schildert ausführlich, wann sie sich begegnet sind, damals, gleich nach dem Ersten Weltkrieg. Und mein Onkel erhebt sich wieder und antwortet ihm. Und so geschieht es reihum mit allen, die er erwähnt in seiner Rede. Sie antworten ihm, und er antwortet wieder ihnen, führt lebhaft aus, was sie nur andeuteten oder vergaßen. Es ist ein Wechselspiel, das sich steigert. Immer längere Passagen handeln von der Bürgerwehr in Lübeck, der Inflation, der Großdeutschen Zeit, Kurts Freundschaften während er in Dänemark arbeitete, dem Krieg, der Gemeinsamkeit im Gefangenenlager, dem Wiederaufbau der Firma seines Vaters, meines Großvaters, die er übernommen hatte ...

Für jede Station seines Lebens gibt es Zeugen. Was sie erzählen, wird vervollständigt und korrigiert von dem alten Mann, der mit seinen offenen blinden Augen, geschützt durch eine halbgetönte Brille, den Blick des gerade Sprechenden zu suchen scheint, während immer ungeduldiger die Kellner an der offenen Tür darauf warten, dass sie endlich den Hauptgang servieren können. Doch keiner von uns achtet darauf. Wir haben die Vorspeisen und die Suppe schon gehabt, das Brot noch auf dem Teller trinken wir Wein und hören der Geschichte eines Lebens zu, einer dramatisierten Fassung für mehrere Stimmen. Wobei die meines Onkels die immer wiederkehrende dominierende ist. Seine Antworten machen deutlich, worauf es ihm im Leben ankam. Warum er sich an den verschiedenen Kreuzungen, wo er die Auswahl hatte, für den einen Weg und nicht den anderen entschieden hatte. Am Schluss spricht er von seiner Frau, so als antworte er auch ihr, obwohl sie noch nie eine Rede hielt. Er nimmt aber ihr gemeinsames Leben, das bis zu diesem Tag über vierzig Jahre dauerte, als eine Ansprache von ihr, auch eine Aufgabe und nannte diese Aufgabe gut gelöst. Worauf alle am Tisch lange und herzlich klatschen. Dabei glänzt sein weiches, schönes Gesicht und mit einem Scherzwort und einer leichten Handbewegung beendet er, was mich so entzückte.

Noch einen Augenblick bleibe ich im Schabbelhaus, weil diese gemeinsamen Feste für mich zum Leben der Stadt gehörten, mit ihren lang noch gehegten Familientraditionen, die erst in den sechziger Jahren langsam in Vergessenheit gerieten. Nur wenige Verwandte aus der jüngeren Generation blieben in der Stadt, die immer mehr verarmte, so nah der Zonengrenze zum Osten hin.

Das Fest, von dem ich sprach, war das letzte, das ich erlebte, und wahrscheinlich auch eins der letzten meiner Familie in dem Gartensaal. Es war nicht der Saal, welcher bei den Buddenbrooks öfter genannt wird, auch nicht der, der ursprünglich zum Schabbelhaus gehörte, sondern dieser hier war entstanden als das Haus zum neuen Schabbelhaus umgewandelt wurde, nachdem das alte im Krieg vernichtet worden war, verbrannt wie ein gutes Drittel der Altstadt. Das neue liegt aber kaum zweihundert Meter weiter auf derselben Seite der Beckergrube, dort, wo das Feuer gestoppt werden konnte, das in der eiskalten Nacht des 20. Januars 1942 die Gassen herauf- und heruntertobte, genährt von den alten Holzbalken in den Häusern. Spät erst konnte es zum Stillstand gebracht werden, als man die Eisdecke auf dem Wasser der Trave zerschlagen hatte und endlich die Pumpen der Feuerwehren Wasser zu fassen bekamen.

Der Gartensaal war immer fern all dieser Not, ein Kunstgebilde, das uns umgab mit einer romantischen Landschaft, für die wir an diesem Abend zu Ehren meines Onkels nicht ganz passend angezogen waren. Man ging zu der Zeit in gedeckten Farben und trug wenig Schmückendes, abgesehen von einigen Perlenketten, englischen Gemmen und Broschen auf den weißen Bäffchen der Blusen. Auffallend war nur die grelle blaue Kunstseide der Bluse, die meine Mutter trug, und der schwarze Cut meines Onkels. Nun gut, so waren wir alle damals im Gartensaal versammelt. Und damit verlasse ich auch die Familie, um mir später meine Eltern ins Schabbelhaus einzuladen.

24.10. Die Beschäftigung mit dem Leben der Menschen, die ich geliebt habe, die mich liebten, die mich begleiteten, wird zur Obsession. So, als könnte ich mich sicherer binden an das Leben mit Hilfe all derer, die vor mir da waren, Vorfahren von mir. Vielleicht auch mich leichter lösen, wenn ich die Vergangenen als Beistand hätte. Als ich meine Mutter in den Wochen vor ihrem Tod jeden Tag im Krankenhaus in Lübeck besuchte und nach Stunden endlich übermüdet ins Hotel ging, sah ich eines Abends im Halbdunkeln einen langen Zug von Schattengestalten über den Hügel des nahe gelegenen Parks wandern, schräg an mir vorbei, in ziemlich gleich farblosen, altmodischen Gewändern. Die zuletzt gingen, meinte ich, in meiner Kindheit gekannt zu haben. Tante Lene Hilf, die mit einem Mann verheiratet gewesen war, der erster Geiger am Zarenhof gewesen war und mit dem sie 1900 in Moskau die Feiern zum Jahrhundertwechsel erlebt hatte. Neben ihr sah ich ihre Tochter Gretel, die auch dann noch Gymnastiklehrerin am Timmendorfer Strand gewesen war, als sie ihre Beine kaum mehr bewegen konnte. In ihren letzten Jahren saß sie im Rollstuhl, schlug auf ein Tamburin und gab mit heiserer Stimme immer dieselben Kommandos für eine in jedem Sommer wechselnde Schar von Menschen, die ihre Arme über den Kopf hoben und sich mal nach rechts, mal nach links neigten: »... und nun in die Knie gehen, einatmen, ausatmen.«

Sie lebte mit ihrer Mutter in größter Armut in einem feuchten Kellerzimmer nah an der See. Ich besuchte sie oft und ließ mir vom Zarenhof erzählen, vom prunkvollen Sylvesterball und dem farbenprächtigen Feuerwerk über Moskau, das seinen Widerschein so noch in unsere verdunkelten Kriegstage warf. Jetzt betrachtete ich die beiden scheu, grüßte nicht. Sie waren anwesend und ich selber fühlte mich unsichtbar, ging langsam weiter, sie mit den Augen begleitend. Bis ich unter einer Laterne einen jungen Mann sah, der ganz für sich mit fünf Keulen übte, die er nacheinander in die Luft warf. Sie kreisten vor ihm und er fing eine nach der anderen auf in immer schnellerem Wechsel. Ich blieb stehen und sah ihm zu. Der Zug der Gestalten war verschwunden, der junge Mann und ich waren allein im Park. Vielleicht wäre es besser gewesen, wenn ich alle Gestalten des so schweigsam dahingehenden Zuges beim Namen genannt, wenn ich gewusst hätte, wie ihr Leben gewesen war, was ihnen bedeutsam erschien, woran sie glaubten, wofür sie einstanden, welche Lieben, welche Geschichten sich mit ihrem Leben verbanden. Lange Zeit danach blieb eine schmerzhafte Spur von Verzweiflung in mir, wenn ich an sie dachte, als hätte ich ihnen nicht genug Aufmerksamkeit geschenkt, hätte näher herangehen sollen. Doch konnte ich sie so wenig berühren wie den fremden jungen Mann, der wirklich vorhanden war und der so konzentriert ständig seine Übungen wiederholte, ohne auf mich zu achten.

Robert zeigt mir ein Foto von einer seiner Studentinnen. Ich sehe das blühende Leben, das Köpfchen, der blanke Hals, die dünne Kette darum und wie sie auf der Haut liegt. Ich sehe auch sonst immer wieder fasziniert junge Menschen an, ihre Schönheit, ihre so unglaublich klare glatte Haut, die langen Augenwimpern, wenn sie die Wange flüchtig berühren, die Wendung eines schönen Nackens, die schmale Figur eines noch unverbrauchten Körpers. Ich begreife, wie entzückt Robert ist.

27.10. Abends am Computer gearbeitet. Ich habe aus Nachlässigkeit die Gardinen nicht vorgezogen. Jetzt sehe ich gegenüber im Bürohaus noch Licht. Vielleicht arbeiten dort Leute oder räumen ihr Büro auf, bevor sie nach Hause gehen. Sie könnten mich beobachten. Würde ich allein hier in der Wohnung leben und noch älter sein – vielleicht gar nicht mehr die Wohnung verlassen können – könnte es vielleicht für mich notwendig sein oder zumindest nicht unangenehm, dass ich gesehen werde. Dies Wahrgenommen-Werden ist wie eine Berührung, eine Bestätigung: du bist noch anwesend.

Ich stelle mir vor wie ein einsamer Alter alles im Zimmer arrangiert für den Voyeur auf der anderen Seite. Einen halb erwachsenen Burschen stelle ich mir dafür vor, der viel zu Hause ist, vielleicht krank, vielleicht arbeitslos. Die Wohnung des einsamen Mannes ist nicht besonders sehenswert. Aber nun putzt er sie auf, dekoriert sie, stellt Gegenstände und Möbel um, so dass sie für den jungen Burschen, wenn er denn hinsehen sollte, interessant erscheinen könnte. Er lockt den scheinbar unwilligen Betrachter von der anderen Seite, der nie zu erkennen gibt, ob er sich auf dieses Spiel einlässt, indem er alles, was er an schönen Dingen besitzt, in dies eine Zimmer trägt, es zu einem Schaufenster macht, mal überhell erleuchtet, dann wieder in geheimnisvolles Dämmerlicht taucht. Er hängt Bilder um und deckt den Tisch, als erwarte er Besuch. Nach einer Weile zieht er die Vorhänge zu, als sei sein Besuch tatsächlich gekommen, wartet anderthalb Stunden ab und löscht dann das Licht und schaut durch ein Nebenfenster, ob der Junge zuschaut. Er zögert, ob er die Gardinen vom Fenster des Schlafraums öffnen soll, ob er auch diesen Raum freigeben soll, um die Bühne zu erweitern. Er spielt Theater, braucht irgendeinen Zuschauer, gelenkte Blicke, Verlangen, Begehren. Er bewegt sich behutsam, als gäbe es eine Gefahr. Er wünscht, eine Kriminalgeschichte zu inszenieren, dafür könnte er sehr weit gehen in der Selbstentblößung. Er spürt die Anteilnahme des anderen, einerlei, ob es sie wirklich gibt. So ist er nicht allein. Das ist seine Überlebensmöglichkeit.

28.10. In das Altersgebiet hineingestoßen – das klingt gewalttätig und ist es am Ende auch. Der Augenblick ist nicht zu widerrufen, in dem du weißt, was immer du tust, du bist alt. Nimm es an, drücke jeden Schmerz, wenn du ihn nicht abwehren kannst, fest an dein Herz.

Das gelebte Leben ein Fundus, aus dem wir unsere Erinnerungen holen. Ich versuche, sie nicht zu korrigieren, nicht umzudenken. Viele sind nur schwach noch erkennbar, weil sie jetzt keine Verbindung zur Gegenwart haben. Vielleicht werden sie später, wenn die Gegenwart eine andere sein wird, als Vergangenheit zu dieser Gegenwart wieder deutlicher hervortreten.

29.10. Ich werde nach Lübeck fahren.

November

4.11. Ein Tag, der langsam vergeht, *mit nachschleifenden Zügeln*, eine Metapher, die mir aus Simone de Beauvoirs Buch über das Alter, das ich sehr begierig in meiner Jugend las, in Erinnerung blieb. Nichts geschieht. Keine Beute des Tages. Alles belanglos, austauschbar, nichts brauchte zu sein. Frisör, aufräumen, schlafen, ständig ablenkende Gedanken, z.B. was wäre gewesen, wenn … Unfruchtbare Gedanken rappeln im Kopf weiter. Heute kann ich mich nur durchs Lesen oder durch die Arbeit am Computer aus der Müdigkeit herausholen.

Die Vergangenheit erinnern, um sie abzulegen. Ich versuche mich zu erinnern, wie es war, als ich zum ersten Mal als Kind nach Lübeck kam, und sehe sogleich wie ein Bild den Blick von dem Balkon im ersten Stock des Großelternhauses auf die Ratzeburger Allee. Damals standen dort Alleebäume und dahinter war deutlich der Wasserturm zu sehen. *Wasserkunst* hieß die Bushaltestelle vor unserer Tür. Ich habe dieses eine Bild bewahrt in seiner merkwürdigen Farbigkeit, grünstichig und braun, sanft und endlos ruhig. Sah ich es so als kleines Kind? Und daneben hat sich das Bild in meinem Gedächtnis erhalten, wie ich es Ende des Krieges sah, als wir für längere Zeit dorthin zogen. Es war eine belebte Straße mit verbreiterter Fahrbahn, der Wasserturm verdeckt von Gebüsch und Tannen. Dies Bild ist nicht so klar wie das frühere.

10.11. Die neue Welt besinnt sich auf alte Praktiken. Fortschreitend werden wir rückfällig. Schon wird in den USA laut überlegt, dass Folterungen erlaubt sein müssten in Fällen von drohendem Terrorismus.

Der Staranwalt Alan Dershowitz argumentierte noch »liberal«: *Ich trete keineswegs für die Folter ein, aber wenn man sie gebrauchen will, sollte sie allerdings die Zustimmung der Gerichte haben,* – und weiter: *Da wir sie ohnehin gebrauchen, wäre es besser, sie zu legalisieren, um auf diese Weise Exzesse zu verhindern.* Und der Journalist Jonathan Alter schrieb: *Dies ist eine neue Welt, und das Überleben könnte durchaus alte Techniken verlangen, die bisher gar nicht in Betracht kamen. (Newsweek)*

Zum ersten Mal habe ich heute die Vorstellung, schon zu lange gelebt zu haben.

12.11. Endlich in Lübeck. Drei Schläge auf den Bühnenboden. Was beginnt? Welches Spektakel? Kam gegen Mittag mit dem Zug hier an und nahm ein Zimmer in einer alten Villa am Mühlenteich, die zum Hotel umgebaut wurde. Reine Nostalgie, dass ich in diesem Viertel der Stadt mich einquartierte, nah an diesem Teich und in einem Haus, das ähnlich denen ist, die mir früher hier bekannt waren. Doch verspürte ich sofort einen Widerwillen, als ich die engen Stiegen hinaufging und in mein etwas aufgedonnertes, muffiges Zimmer trat. Die Häuser, die ich erinnere, waren sparsam und klar eingerichtet gewesen, sie hatten zu ihren Bewohnern gepasst. Während hier in der so genannten Villa alles falsch ist und auch ich in ihr. Trotzdem bleibe ich, weil ich es mir vorgenommen habe. So, als könnte ich mit der Zeit doch noch hinter all den Verschandelungen Spuren der Erinnerung erkennen, wenn ich nur geduldig genug wäre. Jetzt schon bereue ich meine Hartnäckigkeit, passt doch dies unangenehme Domizil, das ich mir freiwillig wählte, nur zu gut zum Eindruck, den ich heute bei meinem ersten Gang durch die Stadt gewann, steigerte ihn vielleicht auch. So dass mir abscheulich vorkam, was nur normal hässlich war und sich in der Art gewiss mit anderen Städten messen kann. Aber dies ist Lübeck, die Stadt meiner Familie, meiner Kindheit. Hansestadt, bürgerstolz und gedemütigt durch lange Jahrzehnte der Armut.

Niemand lebt mehr von den Familien, die ich kannte. Ihre Häuser sind von anderen Menschen bewohnt. Ich finde mich zurecht und bin doch wie in der Fremde. Etwas Größeres anstreben als sie selber waren, dafür bildeten sich früher hier Gemeinschaften, planten langfristig für die Kommenden. Jetzt ist der Geist tot, der diese Stadt schuf. Die Menschen versammeln sich nicht auf dem Marktplatz, sondern gehen durch die Fußgängerzone. Ein Strom, der an den Geschäften vorbeizieht, vor denen reihenweise Ständer mit Klamotten stehen. Wegwerfware, die auf den Straßen angeboten wird. Betrug auch dann, wenn sie billig ist, weil sie für das, was dafür gefordert wird, noch immer viel zu teuer ist. Zurückhaltend glanzvoll das Buddenbrookhaus, ein Versuch etwas Verlorenes wieder herzustellen und sei es als Museum. Doch gleich daneben: die großen Schaufenster von Beate Uhses Pornoshop zeigen, wie man heute meint, die Stadt beleben zu müssen. So wie auch das aufdringliche, betonfarbene Toilettenhaus auf dem ehrwürdigen Koberg die Wirkung des weitläufigen Platzes zerstört, der aus einem Ensemble von historischen Häusern besteht, Jacobi-Kirche, Heiligen-Geist-Hospital, Schiffergemeinde, Ernestinenschule. Dort ging ich zur Schule. Nach

1945 hatten wir nur alte Lehrer, die wieder in Dienst gestellt wurden, da die anderen erst entnazifiziert werden mussten. Welch ein Wort. Klingt wie entfleckt, entschlackt. Doch wurde dies zu halbherzig gemacht.

Ziellos laufe ich durch die Stadt, sie ist durchsetzt mit Hinweisen auf ihre Geschichte, mit der Anwesenheit der Menschen, die mit mir etwas zu tun hatten. Nichts hat Bestand. Wiederkehr meiner Ur-Erfahrung, die Anwesenheit der Abwesenden. Hier sind sie zu Hause, die Personen, die längst verblichen sind und mir immer anwesend blieben. Eifrig reden sie mit den Worten von gestern und in allen möglichen Zungen aus so vielen verschiedenen Jahren und Orten, dass ich kaum zu Wort komme, um mich einzumischen. Ungewiss ist, ob sie mir antworten oder alles nur ein Echo von Bildern und Stimmen ist, zärtlich verwirrende Stimmen mit ihrem »Weißt du noch …«, ihren Behauptungen, Beschwörungen und dies immer wiederkehrende Gute-Nacht-Sagen? Stille – und wieder beginnen. »Guten Abend, gute Nacht.«

Ich umwerbe im Alter das Gelebte, wende die Figuren ins Licht, damit ich verstehe, was geschah. Da gab es, als ich Kind war und der Krieg zu Ende ging, meine Großtante Klara Busch, die, bevor sie 1945 verhungerte, forderte, man möge sie nackt fotografieren und dies als Mahnung in die Zeitung setzen. Sie war eine schöne, große Frau gewesen, von der man nicht wusste, warum sie unverheiratet geblieben war. Ich kannte sie nur als hagere, alte Frau, die äußerst förmlich und zurückhaltend war. Und doch wandte sie sich einige Wochen vor ihrem Tod an die *Lü-*

becker Nachrichten, die größere der beiden Lübecker Zeitungen, und verlangte, ein Pressefotograf solle zu ihr in die Wohnung kommen und sie nackt fotografieren und das Bild in der Zeitung veröffentlichen als Zeugnis, wie unterernährt alte Frauen im Jahr 1945 in ihrer Heimatstadt Lübeck waren. Frauen, die kein Geld hatten und sich nur von den auf Karten zugewiesenen Lebensmitteln ernähren mussten. Sie ging selber in die Redaktion in ihrer besten Kleidung, einem langen schwarzen Wollmantel, der einen Pelzkragen hatte, und trug dem Chefredakteur ihr Anliegen vor. Sie verlangte, dass er veranlasste, was sie für notwendig fand, damit wenigstens ihr Tod eine Bedeutung hätte und überliefert würde. Doch wurde ihr Wunsch abgelehnt. Bald darauf starb sie und die Familie besprach die Frage, ob es vernünftig sei, für ihren Sarg einen Schrank zu opfern.

14.11. Mittags esse ich im Schabbelhaus, das zu meiner Familiengeschichte gehört wie die Buddenbrooks, der Totentanz in der Marienkirche, die Friedhofskapelle, die St. Jürgen geweiht war, der den Drachen besiegte, oder Barlachs *Sänger*, der so dumpf versteinert in einer Nische des Portals der Kathrinenkirche steht. Neben dem Gymnasium, in dem der Dichter Emanuel Geibel, der Historiker Mommsen und Theodor Storm zur Schule gingen und all die nordischen Verwandten, deren man sich in der Stadt rühmte, wenn da etwas zu rühmen war. Oder die man erwähnte, gerade weil sie aus der Wohlanständigkeit herausgefallen waren, wie in unserer Familie der Junge, der Zauberer wurde. Er ging nach Südamerika und kam erst nach Jahrzehnten zurück, in Begleitung einer fremdartigen, zarten

Frau. Vierspännig ließ er sich durch Lübeck fahren, wunderte sich, wie klein die Stadt war und kam nie mehr wieder.

Auf den großen Steinplatten des Bodens der Diele im Schabbelhaus, wo früher die Waren gelagert wurden, stehen die Tische des Restaurants. Ich setze mich an einen, nah der geschlossenen Tür zum Landschaftszimmer. Hier saß ich vor vielen Jahren das letzte Mal mit meinen Eltern. Es war einer der seltenen Tage, an denen wir drei uns gemeinsam trafen.

So tritt sie nun auf, meine Mutter, die zärtlich heitere, die nicht erlöste. Sie wartete lange auf meinen Vater. Sie wollte, dass er zu ihr zurückkäme, der sich im Krieg von ihr getrennt hatte. Aber sie tat nichts, um ihn zurückzugewinnen, war eher krampfhaft ablehnend, wenn er auftauchte. Sie blieben verheiratet, aber klärten nie ihr Verhältnis zueinander. Wenn er kam, beobachtete ich sein reserviertes Neben-ihr-Hergehen und das verzweifelt beherrschte, nicht aufzulösende Unglück meiner Mutter. Ihre Furcht, nicht zu gefallen, und das Verbergen der Angst, wieder gedemütigt zu werden. Manchmal das kindlich fröhliche Ausbrechen, sie wollte genießen, tanzen, lieben. Feinfühlig bei allem, was ihr geschah, nicht unbedingt feinfühlig bei dem, was andere betraf. Realitätsfern und doch in der Organisation ihres eigenen Lebens praktisch. Krankheit als Schutz, unaufrichtig nur aus Schwäche. »Ich bin nicht schuldig«, rief sie oft, wenn etwas geschah. Gutwillig hielt sie sich immer wieder für glücklich, für etwas Kostbares, Einzigartiges, und war es auch. Nur dass sie keine Möglichkeit fand, diesem Anspruch gemäß zu leben. Sie schrieb Gedichte, liebte Gottfried Benn und die Kunst. Ein buntes Kind, so sah ich sie. Eine Puppe, die sich drehte unterm Glassturz, unter dem ihre Mutter sie behütet wissen wollte, warf sie mit Blumen, Giftbeutelchen. Die Verwirrung am Schluss ihres Lebens, um zu entkommen. Klar erst wieder bei sich, als der Tod nah an sie herankam.

Ich sitze allein am Tisch im Schabbelhaus. Meine Eltern haben mich längst verlassen. Mein Vater hat viel gesprochen. Erst jetzt frage ich mich, wie gelang es ihm, so stoisch zu altern?

Ich blicke auf, weil ein Mann an meinem Tisch vorbeigeht. Nur kurz sieht er mich an und erkennt mich nicht. Auch ich brauche einen Augenblick, um in ihm meinen ehemaligen Schulkameraden zu entdecken. Die Augen haben noch immer diesen überaus metallblauen Glanz, weswegen ich ihn früher Eisvogel nannte. Nur daran erkenne ich ihn. Nun hat er sich hingesetzt, im Raum mir schräg gegenüber. Doch nimmt er mich nicht wahr, auch wenn er zufällig in meine Richtung schaut. Ich bin ihm unbekannt. Kann sein, dass ich mich wirklich sehr verändert habe. Denke an *Oberst Chabert* von Balzac, die Geschichte des Mannes, der so verletzt, entstellt aus dem Krieg heimkommt, dass seine Frau sagen kann, er wäre es nicht. Vielleicht entstellt mich das Alter und doch erhebe ich Anspruch darauf, wiedererkannt zu werden. Obwohl ich jetzt froh bin, alleine zu bleiben.

Ich erinnere mich an Wendla, die ihre Ziehmutter pflegte und liebte, obwohl die alte Frau keine Ahnung mehr von sich oder der Liebe von Wendla hatte. Wenigstens erschien es uns so. Wendla pflegte – selber schon alt – die Uralte, die ihr zuvor jahrzehntelang in der Werkstatt geholfen hatte. Wendla, die Schwester meines Vaters, war Kunsthandwerkerin gewesen, aber damals, als ich sie öfter besuchte, hatte sie ihre Werkstatt schon aufgegeben. Diese enge Werkstatt, in der bald nach dem Ersten Weltkrieg, während der Weimarer Republik und dann während des von ihr verabscheuten Tausendjährigen Reiches immer zwei, drei Stickerinnen gesessen und ihre Entwürfe umgesetzt hatten. 1946, nach einer kurzen Unterbrechung am Kriegsende, begann sie erneut, schnitt wieder Applikationen aus farbigen Stoffen, immer wieder Blumen und fallende Blätter und zahme Tiere, legte sie auf Leinendecken, Kissen, Bettwäsche und Lätzchen, bestickte die Umrandungen oder ließ stickend Zweige und Gräser hinzufügen. Immer derselbe unveränderte Raum mit dem Zuschneidetisch, der Nähmaschine und den Stickerinnen, ein Leben lang. Als sie ihre Werkstatt auflöste und die beiden Frauen entließ, die zuletzt dort gearbeitet hatten, blieb Wendla mit Frau Raabe allein, die langsam die Bedeutung der Worte vergaß. Wenn ich kam, saß Frau Raabe, im Alter unförmig geworden, im Sessel am Fenster und las Zeitung. Sie las nicht wirklich, sondern hielt die Zeitung nur in Händen, so wie sie es viele Jahre zuvor getan hatte, als sie noch lesen konnte. Es kam vor, dass sie plötzlich aufmerksam Wendla ansah und erst bittend, dann drängend fragte, wann endlich Wendla käme. Und diese Frage wiederholte und Tränen in die Augen bekam, weil man ihr keine Antwort geben konnte. Dabei stand Wendla vor ihr, wies auf sich selbst und wiederholte leise und suggestiv, sie sei Wendla, wäre es immer gewesen und mit ihr hier zusammen seit über fünfzig Jahren. Eine Antwort, auf die die alte Frau nicht einging, sondern daraufhin in langes Schweigen verfiel.

Wendla hatte einen zarten, kleinen Körper und wurde krank. Nur unter großen Schwierigkeiten gelang es ihr, Frau Raabe zu pflegen. Sie erfand dabei abenteuerliche Hilfskonstruktionen, um sie allein baden und windeln zu können. In der Familie riet man ihr, die alte Frau in ein Pflegeheim zu geben, ja, verlangte es endlich. Aber Wendla weigerte sich beharrlich. Sie schrieb mir in einem Brief: *Es gibt Momente, da sieht sie mich an und erkennt mich, sagt einen verständlichen Satz, wenn auch nur alle paar Wochen einmal. Dann streichelt sie plötzlich meine Hand und sagt etwas ganz im normalen Tonfall von früher, zum Beispiel gestern: „Ich habe deine Hände immer so gerne gemocht", und dabei nahm sie plötzliche meine Hände in ihre und betrachtete sie.* Und weiter schrieb Wendla mir: *Was liebt man denn am anderen? Wovon ist das abhängig? Warum sollte die Liebe jetzt zu Ende sein, nur weil die Kranke sich nicht mehr äußern kann? Sie ist doch als Person immer noch vorhanden.* Das war der Auslöser dafür, dass ich vor gut zwanzig Jahren die Geschichte eines Paares schrieb, bei dem der Mann durch einen Unfall sprachlos wurde, und dass ich begann über die Liebe anders nachzudenken als zuvor.

Eines Tages, als Frau Raabe schon gestorben war und Wendla alleine lebte, bat ich sie, in einem kurzen Film mitzuwirken, den ich fürs Fernsehen machte. Als ich sie rief: »Wendla wir brauchen dich jetzt!« kam sie und sagte: »Wie schön das ist, gebraucht zu werden.«

15.11. Konnte nicht schlafen, weil unentwegt ein lautes Geräusch vor dem Fenster zu hören war, das zur Gartenseite hinausging. Zuerst war ich geduldig, erwartete, dass das Geräusch aufhören würde. Es klang, als arbeitete eine Maschine. Ich ging hinaus in den Garten, ohne herausbekommen zu können, woher dies Getöse kam. Es wurde Mitternacht und es war still geworden auf der Straße, aber das schwere Arbeitsgeräusch blieb. Ich ließ den Fernseher laufen, zappte mich durch alle Programme, bekam jene bekannte Mixtur von Unterhaltungssendungen, ein Aufgebot an forcierter Beflissenheit, neckisch albernem Gebaren, eine Künstlichkeit, die durch die wenigen Momente des Einbruchs von Wirklichkeit in den Nachrichten nur absurder wurde. Ich hörte noch, wie jemand in einer Talkshow von »seelischer Realität« sprach, dann schaltete ich ab. Es blieb das allmählich für mich bedrohlich werdende Geräusch, dessen Herkunft mir noch immer unerklärlich war. Gegen drei Uhr wanderte ich durch das Haus, ohne irgendjemanden zu treffen, den ich hätte fragen können. Auch wollte ich die Wirtsleute nicht wecken, nahm ich doch noch immer an, dass es von außen käme, was mich nicht schlafen ließ, ja durch seine monotone, nie absetzende Anwesenheit mich quälte. Es wurde allmählich hell, als ich das Hotel verließ, um dem Geräusch zu entkommen. Ich hatte es bis jetzt vermieden, zum Friedhof zu gehen. Nun, da ich nicht schlafen konnte, machte ich mich auf den Weg, nervös durch die gestörte Nacht ohne Schlaf. Über die Mühlenbrücke, die Ratzeburger Allee hinunter an dem klassizistischen Haus vorbei, in dem Edward Munch als Gast wohnte und die Kinder der Familie Linde in Matrosenanzügen malte. Alles Vergangenheit, festgelegt. Zwei Häuser weiter das Haus meiner Großeltern, in das wir am Ende des Krieges mit einzogen, meine Mutter und ich. Ich gehe den Weg an dem Vorgarten vorbei bis an die Haustür, lese das fremde Namensschild, doch die Tür ist dieselbe wie damals. In den letzten Tagen des Krieges, als wir nicht wussten, ob die Engländer oder die Russen zuerst Lübeck erreichen würden, wechselte ich mehrmals an dieser Tür ein weißes, beschriftetes Papier, das ich mit Heftzwecken anpickte. Je nach dem Lagebericht der Wehrmacht, den wir im Radio verfolgten, heftete ich das mit dem warnenden Hinweis *out of bounds* an oder hängte es ab, um es gegen eins mit kyrillischen Buchstaben zu vertauschen, die dasselbe bedeuten sollten. Am Ende blieb das englische hängen.

Ich sehe die Tür an, sehe die Schilder und, mich zur Ratzeburger Allee wieder wendend, ganz deutlich nun auch die Trecks, die von Osten kommend über die Ratzeburger Allee wochenlang an unserem Haus vorbeizogen. Nachts lagerten die Flüchtlinge vor unserer Tür.

Den Anfang meiner Lübecker Erinnerungen könnte das nicht endende Geräusch der vorbeiziehenden Trecks bilden und wie es mit Einbruch der Dunkelheit zur Ruhe kam.

An der Tür klingelten Frauen und Kinder, baten um Wasser, um Licht, um Essen. Sie sahen durch die geöffnete Tür in die Diele des Hauses hinein, in eine geordnete, noch bestehende Welt, und sahen uns an, meine Mutter, meine Großmutter und mich, die wir besaßen, was sie verloren hatten. In der Nacht hörten wir von der Straße her Schreie und Schüsse. Mein Großvater verbot uns hinauszugehen. Die Verdunklung, die noch immer, wenn auch nachlässiger vor den Fenstern war, ließ wenig Licht in den Vorgarten fallen. Als wieder ein Schrei kam, löschten wir das Licht. »Wir dürfen uns nicht einmischen«, sagte mein Großvater, »wir sind zu schwach hier, nur Frauen im Haus.« Ich verachtete in diesem Moment seine Altersvorsicht, seine Bedenklichkeit.

Weitergehend zum St. Jürgen-Friedhof, spreche ich in mein winziges Diktiergerät. Ich habe so ein Gegenüber und sei es nur ein Apparat, der meine eigene Stimme wiederholt, wenn ich das Band zurückspule. Ratzeburger Allee 18. Das Haus, das war der Schutz gewesen, die Sicherheit, aber auch im Krieg ein Schauplatz der Liebe und des Zwistes, der hohen Stimmen der Frauen, der gedämpft hysterischen Heiterkeit meiner Mutter. Man dankte viel in diesem Haus, war selbstbewusst und gastfreundlich. Viele Verwandte kamen zu Besuch, aber auch fremde Menschen, die Nachrichten brachten, eine Auskunft wollten, Hilfe suchten. Ihnen allen wurde eine Tasse Kräutertee angeboten, manchmal ein kleines Stück Brot, auf dem eine flache Apfelscheibe lag, die in der Mitte ausgestochen war, wo dann ein winziger Tropfen Marmelade hingetupft wurde. Jeder war offensichtlich zu jeder Zeit willkommen. Ich erinnere nicht, dass meine Großmutter jemals gesagt hätte, es würde ihr nicht passen. Alle kamen unangemeldet, hatten Briefe in den Händen, weinten, klagten, wurden getröstet oder saßen nur einfach da und unterhielten sich. Oft behielten sie den Hut auf dem Kopf und den Mantel an, weil für gewöhnlich nur in dem einen Zimmer geheizt wurde, in dem mein Großvater lag und das war zu klein, um allen Besuchern Platz zu geben.

Aus Schwäche lag er fast nur noch im Bett. Nachts mit etlichen Matratzenteilen geschützt, die meine

Großmutter um sein Bett aufstellte, wenn ein Luftangriff drohte, da wir keinen Luftschutzkeller hatten. Tagsüber aber schützte er sich, indem er im Bett lag, gegen die Zumutung einer immer zu zahlreichen, nahen Familie. Er schützte sich vor ihnen, die immer bedürftig, hungrig und bereit waren, sich einzumischen, zu helfen und zu streiten und auf keinen Fall auch nur etwas aufgeben wollten von ihrer Position, die sie meinten, schon erworben zu haben im Verhältnis zu ihm und innerhalb der Familienhierarchie, durch ihre Bedeutung als Älteste, Gebrechlichste, Begabteste oder was sonst noch eine Rolle spielen konnte. Die Notwendigkeit sich zu legitimieren – und die Kränkung, wenn keiner von den Anwesenden so beachtet wurde wie die fernen Geschwister, die Gefallenen, die unendlich Toten, von denen so zärtlich geredet wurde, da sie unwiederbringlich dahin waren. Obwohl doch gerade an ihnen deutlich wurde, nun da sie so sehr vermisst wurden, wie einmalig jeder der Anwesenden war, wie kostbar seine noch zu hörende Stimme, das Geräusch seiner Schritte, der Blick seiner Augen. Die Überlebenden sahen einander an und ahnten es für einen Augenblick, um es sogleich wieder zu vergessen. Ich erinnere die Gespräche, die aus den überbelegten Zimmern drangen, Beschuldigungen und Begütigungen, Abweisungen und Rechtfertigungen, unterbrochen von Aufschreien und Türenschlagen. Die Partitur nie endender Monologe, auf die nur selten jemand einging. Zu gewohnt war bald, was jeder vorzubringen hatte, welche Wünsche und versteckten Ängste dahinter standen. Bekannt allen auch die unterschiedlichen Temperamente, die deutlich wurden im allgemeinen Kleinkrieg gegen die alltäglichen Schwierigkeiten, gegen die Sehnsucht, die Dunkelheit, die Kälte, den Hunger hoffnungslos.

Mein junger Hund lief weg, weil wir ihn nicht ernähren konnten. Als ich ihn bei den englischen Besatzungssoldaten im Nebenhaus fand und wieder zurückholte, hing ich ihn zur Strafe zum Bodenfenster hinaus, als würde ich ihn fallen lassen. Auch er sollte Angst haben und wissen, dass er bei mir bleiben musste, weil er mir so notwendig war. Gleich darauf bereute ich es. Ich kochte Gedärme für ihn, die ich im Schlachthof holte.

Als Seiltänzer in die Stadt kamen und über den Marktplatz ein Seil spannten und das Publikum aufforderten, jemand aus der Menge möge sich melden, um über das Seil getragen zu werden, hob ich spontan die Hand. Über das Seil getragen zu werden, fand ich, hatte mehr Realität als das Leben in dem Haus, das schon während ich noch anwesend war, mir in die Vergangenheit versank mit seinen Möbeln, wo das Rosshaar an den Kanten durchgescheuert war, mit den Kristallvasen und den tanzenden Figuren aus Meißener Porzellan auf der Spitzendecke im Besuchszimmer, das schon lange kein Besuchszimmer mehr war. Längst war überholt, was noch gelebt wurde. Betrachte ich jetzt dieses damalige bürgerliche Ambiente, das ohne jeden finanziellen Rückhalt war und von keinem großen Bildungsanspruch, so empfinde ich Zärtlichkeit dafür. Mir gefiel, dass bei uns nicht am Ende des Krieges das Silber im Garten vergraben worden war, sondern dass alles benutzt werden sollte, solange es da war. Verlust oder Zerstörung waren immer möglich, damit hatte man zu rechnen. Im festen Vertrauen auf Gott würde man notfalls beides akzeptieren als Teil des Notwendigen. Gott war sehr groß und fern, das heißt fern, weil er so groß war. Man konnte nicht mit ihm handeln. Er war mächtig und allgegenwärtig, jenseits aller Wertungen. »Allgegenwärtig« hieß, dass alles in einer von ihm geschaffenen Gesetzmäßigkeit abläuft, die auch uns aufnimmt. So sind wir verbunden mit ihm.

»Aber er hat keine Nerven«, erklärte mein Großvater mir, als ich Kind war. »Für Ihn ist es dasselbe, ob eine Maus von der Katze gefressen wird, was gewiss schrecklich ist für die Maus, oder ein Mensch umgebracht wird. Warum sollte das Leid der Menschen Ihm näher sein als das Leid der Tiere?« Sonntags holte mein Großvater seine Geige hervor und spielte die beiden Lieder, die er noch spielen konnte. »Lobe den Herrn« und »Befiehl dem Herrn deine Wege.« Auch war er der Einzige in der Familie, der früh aus schwedischen Zeitungen von den Konzentrationslagern erfahren hatte und ohne Umschweife von den Verbrechen sprach und von unserer Schuld, der Schande für uns alle und dem Gefühl der Scham, die er empfand. Ich fand diese Haltung von ihm jetzt wieder in seinen Tagebüchern und eindeutiger, als ich es damals verstand, als ich mit ihm in einem Haus lebte.

Damals gab es vor allem von seiner Seite Forderungen an mich, nicht träge zu sein. Während meine Großmutter nie etwas forderte, alles selber tat, und mir, wenn ich meine aufbrausenden Gefühle nicht zu ordnen verstand, Patiencen legte, um mir mit der gedämpften Stimme einer alten Weissagerin, Ratschläge zu geben, die sie aus den Karten las. Als die englischen Besatzer da waren, traf sie sich mit einem

Kreis von Freundinnen, in dem zur Übung nur Englisch gesprochen werden sollte. Man gab sich viel Mühe in diesem Haus, eine Form aufrechtzuerhalten, auch wenn alles um uns herum sich auflöste und zerstreute. Im Bücherschrank, der mit einer Glastür verschlossen war, stand eine Ausgabe der Buddenbrooks, in der eine Tanzkarte lag, auf der Thomas und Heinrich Mann sich eingeschrieben und so um einen Tanz gebeten hatten. Handschriftlich war auch ein Register eingefügt worden, worauf stand, wer in Wirklichkeit die Rollen der Personen gespielt hatte, die unter veränderten Namen, doch sonst sorgfältig nach dem Leben porträtiert, in diesem Roman auftauchten.

An der Wand im Wohnzimmer hing ein kleines Bild in einem schwarzen Rahmen, der mächtiger als das Bild war, es einfasste wie eine Ikone. Unter dem Glas fuhren, schwarzschattig aus Papier geschnitten, auf einem leicht spakigen Untergrund und in mehreren Reihen übereinander, Kutschen, die einander folgten. Jede wurde gezogen von einem Vierergespann Pferde, die eng neben- und hintereinander geordnet im schnellen Lauf sich befanden. »Man muss die Pferde zügeln können«, sagte mein Großvater, deutete auf das Bild und sah mich besorgt an, ob ich dies auch werde tun können. Den Scherenschnitt mit den Vierergespannen schenkte mein Großvater dem Grafen Bernadotte, der ihn 1946 besuchte und Hilfspakete versprach, hauptsächlich für die kleine schwedische Gruppe in Lübeck. Menschen, die in Schweden geboren oder mit Schweden verwandt waren. Mein Großvater, der Speditionskaufmann und seit langem schwedischer Konsul war, verteilte noch ein, zwei

Jahre diese Pakete, dabei bedachte er seine Familie nur aufs Sparsamste. Er hätte es für unehrenhaft gehalten, sich selber zu bereichern oder uns auch nur ein wenig zu bevorzugen. 1947 starb er entkräftet. Meine Großmutter, die fünfundvierzig Jahre mit ihm gelebt hatte, saß nach der Beerdigung zwei Tage auf einem Stuhl, legte sich auch nachts nicht schlafen. Sie aß und trank nichts, weinte nicht und hörte uns nicht zu, wenn wir mit ihr redeten. Ich war enttäuscht, als sie dann plötzlich nach Essen verlangte und wieder zu leben begann wie wir alle. Ich weiß nicht, was ich von ihr erwartet hatte. Aber sie und mein Großvater waren für mich damals das einzige Beispiel gewesen, dass eine Liebe auch in einer langen Ehe lebendig bleiben kann.

Nichts gibt es im Alter ohne Erinnerung. Das Alter – ein Kleid mit allen Schellen der Erinnerung.

Ich öffne die Tür zum Friedhof. Sie wird offensichtlich auch nachts nicht verschlossen. Nur in die St. Jürgen Kapelle komme ich nicht hinein. Dort wurden meine Leute ausgesegnet, ich getraut mit achtzehn. Der schöne Zugang von der Straße aus, der direkt bis vor die Kapellentür führte, ist mit einer Betonmauer verstellt worden, als die Alleebäume gefällt und die Straße verbreitert wurde. Nun geht man seitlich herein, dort wo der Parkplatz ist. Hinter dem Friedhof ein Spielplatz. Wer oben auf der Rutsche sitzt, kann die Gräber sehen, ein ruhiger, unwandelbarer Anblick. Diesen Friedhof besuchte ich früher am Samstag, um unser Grab zu versorgen, den Weg davor zu harken. Jetzt wird das Grab anonym gepflegt. Ich bin seit Jahren nicht mehr hier gewesen und hätte doch herkommen können.

Erinnere mich an eine alte Frau, die mir half, als die Kinder klein waren. Sie war 1945 aus Ostpreußen geflüchtet und wusste, sie würde nie wieder in ihren Heimatort zurückkommen können. Sie zeigte mir ein Foto vom Grab ihrer Eltern, das dort geblieben war. Sie trug das Foto immer bei sich in der Handtasche.

Hier ist jetzt das Grab meiner Großeltern. Bei ihnen liegen nun auch ihre drei Kinder, die beiden Söhne und meine Mutter. Auf dem Findling steht: LOBET DEN HERRN.
   Das ist vielleicht das Schwierigste, dass ich geliebte Menschen wiedertreffen möchte, den dringenden Wunsch habe, sie zu sehen, und dass dies unmöglich ist.

Namen für Namen lese ich ab von den Grabsteinen. Die Toten haben ihren Ort hier. Ich spreche ihre Namen und die Daten ihrer Geburt und ihres Todes vor mich hin, verstumme dann. Die Anwesenheit des ehemals Gesprochenen. Die plötzliche Lebendigkeit der lange vergessenen Bilder. Wobei dem Überschwang das Verblassen folgt, wenn ich mich abwende.

16.11. *Die Werte müssen wieder wertvoll gemacht werden* – So die Forderung heute auf der dritten Seite der *Lübecker Nachrichten*. Suchmeldung ans Fundbüro: Wo sind die Werte geblieben? Rücksichtnahme wird zur Privatsache und dumm ist, wer sich nicht bereichert. Wer korrekt handelt, ist verdächtig. »Weil es anrüchig ist, als wolle man etwas damit«, erklärte mir ein Geschäftsmann. Man fordert Werte, doch gibt es keinen gesellschaftlichen Druck, der ihre Anerkennung wieder verbindlich notwendig macht. Die Werte als etwas Schmückendes, das man bei besonderen Anlässen anlegt. Die Forderung, anständig zu sein – ein wiederkehrendes Thema im Feuilleton. Es gibt nur einen verbalen Konsens darüber, irrelevant, wenn er den persönlichen Vorteilen widerspricht. Das schnelle Tempo erfordert Oberflächlichkeit. Bei Ignazio Silone las ich, dass bei ihm zu Hause, solange er als Kind noch ein Zuhause hatte, man innerhalb der Familie anständig zu sein hatte. Aber im Verhältnis zur Außenwelt gab es diese strikte moralische Verpflichtung nicht, weil jeder sehen musste, wie er sich durchschlagen konnte. Bei uns war es damals in Lübeck eher anders herum. Nach außen sollte man sich anständig verhalten. Was in der Familie schieflief wurde zugedeckt, als ob es in Ordnung wäre. Doch schon in den fünfziger Jahren wurde dies »als ob« für mich zum Schlüsselwort für das Verhalten der Außenwelt. Man lebte mit diesem »als ob«, als ob alles gar nicht so schlimm gewesen wäre, keiner etwas Genaues gewusst hätte und wir den Krieg gewonnen und die Nazis nicht gut gekannt hätten. Alles war nur auszuhalten, wenn man es so nahm, wie man es sich selber zurechtdachte. Dies »als ob« verdrängte die Festlegung auf Werte, alles wurde möglich zu denken, zu tun – ohne dafür einstehen zu müssen. Als ob – die Entwicklung der Gesellschaft zu einer probeweise agierenden.

Ich bin aus dem Hotel ausgezogen. Die Wirtsleute hatten in der vergangenen Nacht den Generator für die Kühlkammern laufen lassen. Sie stellten ihn erst aus, als ich sie beim Frühstück darauf aufmerksam machte und behaupteten dann, er wäre nie angestellt gewesen. Ich nahm mir ein Zimmer in einem modernen Hotel, das nah am Bahnhof lag. Im Grunde wollte ich schon wieder fort, ging dann aber doch ins Stadtarchiv und verbrachte dort den ganzen Tag in der Bibliothek. Vergewisserung der Vergangenheit. Rückgriff auf vergangene Geschichten. Ich suchte mir aus den Bestandslisten die Namen der Verwandten heraus, über die ich mehr erfahren wollte. Nicht alle hatten Schriften hierher gegeben. Doch was ich fand, war genug, um mir eine Vorstellung zu machen, wie weitläufig die Familienbeziehungen gewesen waren, wie verzweigt in der Welt. Wenn einer zu Beginn des letzten Jahrhunderts mit seiner Firma nicht in England Fuß fassen konnte, ging er nach Kanada. Und wenn das Erbe nach dem Ersten Weltkrieg nicht mehr reichte, um eine Farm in Amerika zu kaufen, erwarb die Familie sich eine in Afrika und begann dort wieder zu arbeiten.

Ich ließ mir Mappe um Mappe mit altem Nachlassmaterial geben. Sie waren mit Bindfäden sorgfältig verschnürt und ich sah an den hineingeklebten Zetteln, dass sie seit vielen Jahrzehnten nicht mehr geöffnet worden waren. Achtsam, als könnte ich so längst verspätet meine Ehrfurcht und Zuneigung bekunden, öffnete ich die Aufzeichnungen eines Onkels, der Bibliothekar gewesen war. Ich las seine offizielle Korrespondenz, als er 1938 wegen *politischen Fehlverhaltens* vorzeitig und ohne Pensionsansprüche aus seinem Amt entlassen wurde. Und ich fand bei seinen persönlichen Aufzeichnungen Entwürfe für Briefe, die er während des Krieges einem geliebten jungen Freund an die Front geschickt hatte. Den letzten Brief hielt ich in der Hand. Er war verschlossen. Abgeschickt wie alle anderen zuvor, hatte er den Adressaten doch nie erreicht. Der junge Mann wurde getötet und so blieb der Brief ungeöffnet. Auch der Absender, der alte Bibliothekar in Lübeck, öffnete ihn nicht, als er ihn zurückbekam mit dem Vermerk *Adressat fürs Vaterland gefallen* und so von dem Tod des Freundes erfuhr. Nun war der Brief nachgelassen für niemanden. Ich legte ihn zurück und ließ mir von der Bibliothekarin, einem jungen frischen Mädchen, erklären, wie der komplizierte Knoten gemacht wird, mit dem alle Dokumentenmappen verschlossen werden. Ich öffnete und schloss sie.

Ich fand den Namen einer Verwandten, die mich faszinierte. 1917, mit achtzehn Jahren, ging sie nach Russland, um an der Revolution teilzunehmen. Seitdem galt sie als verschollen. Es gab aber Pfandbriefe, die sie geerbt hatte beim frühen Tod ihres Vaters und die für sie in einer Bank deponiert worden waren, da sie damals noch nicht volljährig gewesen war. Zwei Mal sollen ausländische Männer in den folgenden Jahren gekommen sein und versucht haben, diese Pfandbriefe einzulösen, angeblich in ihrem Namen. Aber die Bank weigerte sich jedes Mal sie herauszugeben, so hieß es. Nach zwanzig Jahren wurde die Revolutionärin für tot erklärt und der Familie die Pfandbriefe übergeben. Ohne diese gäbe es keine Erwähnung mehr ihrer Person.

Ich meinte zu ersticken in all dem vergilbten Papierkram, den Geschichten über Geschichten. Eine gelesene zog immer wieder eine andere, erinnerte nach sich, das hörte nicht auf. Da war die Geschichte von meiner so sehr geliebten, für Lübecker Verhältnisse mondänen Tante Lila, deren beide Söhne nicht aus dem Krieg zurückkamen, der eine gefallen, der andere für immer vermisst. Nach der prunkvollen Beerdigung ihres Mannes in der wieder aufgebauten Marienkirche machte die Tuchfirma, die über hundert Jahre der Familie gehört hatte, bankrott. Man sagte, weil der Prokurist ein Betrüger gewesen wäre. Lila verkaufte die expressionistischen Bilder, die ihr geblieben waren, nahm Drogen und starb 1957 im Armenhospital. Auseinander gebrochen waren die Familien.

Ich sah eine Art Kontobuch, wie für Soll und Haben. In ihm waren nur Daten und Namen aufgeführt mit wechselnden Handschriften über mehr als ein Jahrhundert. Offensichtlich handelte es sich um Namen aus unserer engeren und weiteren Familie. Ohne Unterschied wurden nur dokumentiert: Geburt, Taufe und Konfirmation, Eheschließung und das Sterbedatum. Reihen um Reihen – bis nach dem Ersten Weltkrieg sich niemand mehr um diese Chronik kümmerte und die letzten Seiten leer blieben.

17.11. Bin wieder im Archiv, kann mich nicht trennen von diesen Mappen, darf sie aber auch nicht mitnehmen. Ich entziffere die verblichenen Bleistiftnotizen und, besser lesbar noch, die mit Tinte geschriebenen Worte. Flüchtig hingeworfene Zeilen privater Natur, amtliche Eintragungen, Bittgesuche und Abschriften von feierlichen Reden zu Festen und Ehrungen, von denen jetzt niemand mehr etwas weiß.

Bei der Lektüre stoße ich überraschend auf Nachrichten unter der Überschrift *Gottesgabe*. Lange kannte ich nur die Beziehung, die meine Mutter zu dem Gut gehabt hatte. Erst jetzt erfahre ich, dass dort Johann Georg Theodor Eschenburg Freya von Richter kennen gelernt hatte, die er heiratete. Dieser

Eschenburg scheint im Gegensatz zu vielen Menschen in meiner Familie nicht kaufmännisch begabt gewesen zu sein, sondern studierte Theologie und Philosophie, *zur Erforschung tieferer Zusammenhänge*, wie er selber schrieb. Auch wegen solcher Sätze, die ich in einem Bericht von ihm fand, hätte ich ihn gerne kennen gelernt: *Mein Werdegang ist der eines Menschen gewesen, der viele Dinge erkennen möchte und dabei erkennt, dass man nur wenig wahrhaft erkennen und noch weniger gestalten kann.* Er starb 1944, seine Urne wurde im Park von Neuendorf beigesetzt, dem Familiengut, wo seine Frau mit ihren beiden Kindern, dem kleinen Sohn Bernd und der zwölfjährigen Tochter noch in den letzten Kriegstagen ausharrte.
Am 5. Mai 1945 näherten sich vom südlichen Teil der Insel Rügen her russische Heeresgruppen Neuendorf. Alle Bewohner des Gutes wurden eingeschlossen, das Gutshaus geplündert, nichts wurde an Kleidung und Vorräten geschont, nicht mal Lebensmittel für die nächsten Tage blieben übrig. Den weiblichen Mitgliedern der Familie drohte zudem die Vergewaltigung, heißt es in der Chronik, die einer unserer Verwandten nach dem Krieg verfasste. Keiner weiß genau, was geschah, denn alle, die dies erlebt hatten, nahmen sich das Leben, Freya mit den beiden Kindern, ihre Mutter, ihre Schwester, der Ehemann der Schwester und alle Frauen und alten Männer, die noch auf dem Hof gewesen waren. Ihre Leichen wurden irgendwo im Park vergraben.

Wenn alles mit dem Wort begann, so wird es enden mit der Entwertung aller Worte. Ich notiere mir einzelne zuweilen, wenn mich ihre Falschheit bewegt, sie besonders monströs das Üble beschönigen. Z.B.

sprach Adolf Eichmann von »Lebensauslöschungsfeldern«.

Doch Erinnerung widerspricht.

18.11. Dachte heute an meine Mutter, als ich mich im Spiegel eines Geschäftes sah. Ich wollte ihr nie ähnlich sein, nun entdecke ich Züge von ihr in meinem Gesicht, wenn ich mich anlächele, um mir zu gefallen. Sie war unermüdlich darin, gefallen zu wollen, unermüdlich auch ihr Anspruch darauf, dass dies bemerkt werden sollte. Wenn sie morgens aufstand, schminkte sie sich als Erstes die Lippen. Bevor sie das Haus verließ, drehte sie sich für eine Stunde Lockenwickler ins dünner werdende Haar, das selbst als sie starb noch nicht vollständig grau geworden war. Sie kaufte sich immer neue Halstücher, steckte sich künstliche Blumen an, wenn sie in die Stadt ging, und ihre Augen, die im Alter durch die schweren Lider verhangen wirkten, suchten Blickkontakt, wenn sie in den Bus einstieg, wenn sie in ein Lokal ging, allein an einem Tisch dort saß. Dann schlug sie die Beine übereinander und ihre Handbewegungen waren nicht wie gewöhnlich weich und etwas flatterig, sondern nachdrücklich bestimmt, als wolle sie damit ausdrücken: »Ich mache das so. Ich bin hier.«

Nun, da ich mir dies wieder vorstelle, beeindruckt mich am meisten, dass meine Mutter diese Rolle durchhielt. Wenn sie nach Hause zurückkam, kroch sie für Stunden ins Bett und rührte sich nicht. Es lebte Verzweiflung in ihr und ein kindliches Gemüt, das sie befähigte, immer wieder aufzustehen, ein Goldlamé-Blüschen anzuziehen, eine zu enge Kostümjacke, weil sie das jugendlicher fand, und den Hut wieder schräg auf den Kopf zu setzen und mit dem engen muffigen Fahrstuhl die sechs Etagen hinunterzufahren und das Haus zu verlassen. Dafür musste sie durch die Geruchsschleuse gehen, den unteren Korridor, der durch das angrenzende Lebensmittelgeschäft einen unausrottbaren Gestank nach Nährmitteln und Käse angenommen hatte. »Nach eingelegtem Pökelfisch«, sagte meine Mutter, obwohl es den zu dieser Zeit wahrscheinlich gar nicht mehr gab in dem Vorortgeschäft.

Gefallen zu wollen – das klingt zu harmlos, denn die Begierde meiner Mutter galt dem sinnlich körperlich erfassbaren Leben, von dem sie früh getrennt wurde durch Erziehung und ihre unglückliche Liebe zu einem Mann, der eine spezielle sexuelle Lust liebte, die ihr fremd blieb. Doch auch dies sind alles nur Vermutungen. Ich werde nie zu Ende damit kommen zu ergründen, wie meine Mutter war.

Auf der Bühne drängt sich das Personal meiner Erinnerungen, so dass ich den Überblick verliere. Aber manchmal sind Bühne und Zuschauerraum leer. Ich bin allein und warte auf das, was geschehen wird. Ich fühle, wie es kalt wird, die Lichter sind glanzlos fahl. Sie flackern als seien es Kerzen, die doch schon lange nicht mehr vor einer Bühne zu finden sind. Ich rufe: »Hallo!« Ich steige selber auf die Bühne, sehe in die Gänge, gehe nah an den Orchestergraben heran. Der Souffleurkasten ist leer. Ich beginne mich immer schneller um mich selber zu drehen mit ausgebreiteten Armen wie als Kind, beschleunige die Bewegung einer Spirale, die mich endlich vom Boden abheben soll.

21.11. Nachrichten heute zum Thema Alter, die ich beim Durchblättern der Zeitung fand unter der

Überschrift: MIT 41 ZU ALT FÜR EINEN JOB.
Sechs von zehn Firmen in Deutschland beschäftigen keine Arbeitnehmer mehr, die älter als 50 Jahre sind. Wer keine Führungsposition bekleidet, gilt in manchen Branchen schon mit 40 als peinlicher Sozialfall.
Gefordert wird, dass auch bei uns, wie in den USA schon seit 1967 üblich, Diskriminierungen im Alter durch Gesetze eingeschränkt und z.B. Stellenanzeigen nicht nur geschlechts- sondern auch altersneutral formuliert werden sollen.

Wenn die Menschen immer älter werden, aber nur noch kürzere Zeit gebraucht werden, wohin dann mit ihnen? Es kursieren jetzt auch Witze über die Alten, heute erzählte man mir einen: »Warum sterben immer mehr Senioren vor dem Computer? Weil sie versehentlich die Tastenkombination Alt + Entfernen gedrückt haben.« Ich will lieber über mich spotten als in Selbstmitleid zu verfallen, weil der Spott die Sicht schärft.

Wenn der Körper nachlässt, ist zu hoffen, dass der Geist beweglicher wird. Soll er sich doch am Ende des Körpers entledigen.

Die Wunschkraft hat in meinem Leben eine große Rolle gespielt. Ich habe sie oft eingesetzt und verdanke ihr viel. Jetzt versuche ich es noch einmal, in dem ich nichts anderes wünsche, als das Alter nicht zu verpassen, zu erkennen, was es bedeutet und was sich in dieser Zeit für mich neu zeigt. Langsam gehen, stehen bleiben, zusehen was geschieht.

24.11. Noch immer Lübeck. Nachts in der Tagesschau: Junge Männern in Pakistan, die sich geißeln, um die toten Märtyrer zu ehren. Beunruhigt sehe ich die entschiedene Hinwendung zum Leiden und zum Tod. Die Verneinung des Lebens durch ein Sich-selber-Verletzen, um einer höheren Macht gefällig zu sein. Die Flagellanten werden so zu Herren über die Schmerzen. Den Toten bringen sie die Gesten der Verneinung des Lebens dar, die Zerstörung des Leibes. Auch bei uns gab es diesen Märtyrerdienst. Ich erinnere mich an Bilder der Heiligen Agathe, die auf ihren Händen einen Teller mit ihren abgeschnitten Brüsten präsentierte, und an den Heiligen Sebastian, von Pfeilen durchbohrt, stoisch gelassen, erhaben über den Schmerz. Die Ekstase muss die Heiligen in den durch Martern erlittenen Tod getragen haben. Ich sah die verzückten Heiligen früherer Zeiten bei Guido Reni emporsteigen, die Körper erleuchtet vom malerischen Glanz der geglückten Emphase im Zeichen des Glaubens. Und in der längst säkularisierten Kunst fand ich Wachsbrüste und Füße, die ineinander geschmolzen in einem Korb lagen, die Arbeit eines amerikanischen Künstlers auf der diesjährigen Biennale in Venedig.

Wir verlangen nach dargestellter Grausamkeit, sie entlastet uns von der eigenen unausgelebten und der Furcht, sie selber erfahren zu müssen. Doch sind wir selber der Vorstellung von einer Bestimmung beraubt, so ist auch jedes Opfer ohne Bestimmung. Die Zerstückelungen, die Torturen des Körpers und ihre nachgegossenen Zeugnisse in der Kunst, verlangen nach einem Sinn, einem Adressaten für das Opfer. Was ich nun aber hier im Fernsehen dokumentiert sehe, ist der gewollte Opfergang, die Anstrengung gegen sich selbst, wie im Zweiten Weltkrieg die Kamikazeflieger oder die Selbstmordattentäter jetzt. Und ich denke an den Heiligen Franziskus, der dankbar war für den Hunger, die Kälte, für den eisigen Schneewind, in dem er eine ganze Nacht lang stehen blieb, als man die Klosterpforte für ihn nicht öffnete.

Immer wieder die Begierde nach Übersteigerungen aller Möglichkeiten und seien es die des Leidens, um eine Wirklichkeit zu erfahren, die jenseits der uns vorgegebenen liegt.

26.11. Nachrichten für andere. Nachts kehren wir heim, sind wir Marionetten einer anderen Welt. Im Traum: Gestrüpp ums Haus Ratzeburger Allee. Fürchte, dass es angezündet wird. Todesangst. Soll der Polizei Bescheid sagen, der Feuerwehr … Alles Bilder, ungenaues Wissen, aber ganz stark von der Intuition her. Dann das Nebenhaus. Ich sehe, es liegt in einem Gestrüpp wie unseres. Es wird brennen, brennt noch nicht. Kann ich jetzt schon die Feuerwehr rufen …? Sonderbare Notizen. Ich kann mich nicht erinnern, was mir so wichtig an diesem Traum erschien und nun doch Angst wie im Traum. Keine Unterstützung erwarten.

Ich packe meine Sachen zusammen, werde abfahren. Abendstimmung. Ich bin von Gespenstern umgeben, all den Menschen, mit denen ich früher gelebt, geredet und gelacht habe.

Wenn ich früher nach Hause kam und meine Mutter nach dem einen oder anderen der so vielen, entfernten Verwandten fragte, z. B. wie es denn Tante Lene ginge oder Harriet, der lebhaften Harriet aus Riga, die mir als junges Mädchen ein Festkleid aus einer Gardine nähte, antwortete sie oft: »Ach, Kind, die ist doch schon lange tot.« Ich höre jetzt diesen

Satz mit vielfältigem Echo, wenn ich an sie denke, von der ich nun auch als einer längst schon Gestorbenen spreche.

Kurz bevor meine Mutter starb, erzählte sie noch einmal, was sie uns schon oft erzählt hatte, dass sie geboren worden sei in der Etage über dem Kino am Mühlentor, in der ersten Wohnung, die ihre Eltern nach der Hochzeit bezogen hatten. Ihre Schwägerin, die bei uns beiden saß, meinte, meine Mutter korrigieren zu müssen und sagte: »Aber nein, du bist da nicht geboren worden. Deine Eltern hatten damals diese Wohnung längst verlassen, waren umgezogen.« Und sie, die alte Frau, die niemals früher zugegeben hätte, dass eine ihrer Erinnerungen falsch sein könnte, sagte lächelnd: »Ja ja, natürlich, aber ich wollte immer so gerne da geboren worden sein, über dem Kino, weil ich so gerne leichtsinnig gewesen wäre.« Jetzt hatte angesichts des Todes alles Bestand, wie es gedacht, gewünscht und gelebt worden war. Kino als der Inbegriff des Leichtsinnigen zu ihrer Zeit.

28.11. Telefoniere mit meinem Bruder. Er will jetzt nicht mehr viel unternehmen. Siebzehn Mal hat er die Goldene Kamera in Berlin übergeben, so und so oft auf dem Presseball getanzt. Das sei nun nicht mehr nötig. Er lese Goethe. Bleibe zu Hause, der Reiz der Wiederholung hat sich erschöpft. Erleichterung darüber, nichts mehr beweisen zu müssen.

DEZEMBER

2.12. In Düsseldorf. Alles in Eile. Sonderbar, dass wir Alten nicht genussvoll langsamer werden. Vielleicht, weil es so viele Fäden gibt, die uns mit dem Leben verbinden. So viele Verbindungen aber auch schon zur anderen Welt.

Wieder mal chaotisch die Wohnung. Vieles wäre besser gelaufen, wenn ich organisierter gelebt hätte, doch aus meiner Jugendzeit blieb mir die Neigung zur Improvisation. Leben, als könnte ich jederzeit alles verlassen.

Habe das Schreiben vernachlässigt. Es ist kalt in der Wohnung und ich bin hungrig, will aber nicht hinausgehen. Igele mich ein. Sehe mein Gesicht an, die Ringe unter den Augen werden tiefer. Es ist wie es ist. Rauche wieder, Feuer im Mund, Asche im Mund. Ich würde gern einen kleinen lila Hut mit einem Gesichtsschleier tragen.

4.12. Morgens erwachen. Ich weiß nicht gleich, wo ich bin. Plötzlich die Freude, ich liege hier, spüre meinen Körper. Er verlangt, dass ich aufstehe, mich bewege, noch mal beginne. Wieder das Licht sehen, das sich jetzt mit sattem Glanz über dem Wasser des Flusses entfaltet. Das Glück, etwas neu zu erfahren, als würde ich es zum ersten Mal wahrnehmen und nun intensiver denn je. Jeder Augenblick kommt wie neugeboren aus dem alten.

Bäume sterben aufrecht. Der Titel eines ansonsten längst vergessenen Boulevardstückes, das ich als junge Frau sah. Erinnere ich jetzt öfter. Der Titel – eine Zielvorstellung und um dahin zu kommen, auf dem

Weg dahin, diese Haltung üben. Nicht anlehnen. Lieben und nicht festhalten. Altersentwürfe. Allein sein. Das Alter ertragen. Der Tod, der einzig mögliche Begleiter um aus dem Leben herauszukommen. Erinnerung an Geschichten von Ländern, wo die alten Menschen, wenn sie keine Zähne mehr hatten, weggebracht wurden. Man setzte sie auf Bäumen aus oder in den unwegsamen Gebieten der Berge, dankte ihnen und gab ihnen eine Decke und Essen für drei Tage. Dann überließ man sie der Natur. Und wenn man die Alten tötete, wie dies von den Tschuktschen noch Ende des 19. Jahrhunderts berichtet wurde, war dies stets eine rituelle Handlung, mit großen Feierlichkeiten verbunden. Das Opfer wurde geehrt, es blieb ein hervorgehobenes Mitglied der Gemeinschaft, eng verbunden mit allen, die ihm den Tod gaben.

Nachts Krimi gesehen. Beruhigt mich immer. Wenn der Mörder gefasst wird, ist der Tod überwunden, denn er ist der Mörder. Der Schrecken angesichts der Leiche, immer wieder vor- und nachgespielt. Wie kommt ein Mensch zu Tode. Jeder Krimi simuliert unser Ende und führt das Spektakel von Rache, Schuld und Bestrafung auf und entlastet uns so für die Dauer des Spiels.

6.12. Traf einen alten Freund, der von seiner Krankheit sprach. Eine Beschwörung. Sie ist zum Wichtigsten, weil Bedrohlichsten, in seinem Leben geworden, ist der Gegner, den er misstrauisch belauert. Er traute ihm nie, war zufrieden, wenn er sich ruhig verhielt. Nun hat der Feind wieder nach ihm gegriffen, bemächtigt sich seiner gerade in dem Augenblick, als er selber meinte, die magische Freispruchgrenze von fünf Jahren nach der Operation erreicht zu haben. Er spricht mit seinem Körper, sagt drohend zum Krebs, wenn ich sterbe, stirbst auch du.

Ich erinnere mich an ein Schild, das vor vielen Jahren im Warteraum meines Arztes hing: Hier bitte nicht über Krankheiten sprechen.
Soll ich noch über das Alter sprechen? – *Es ist Zeit, nicht nur an den Tod zu denken, sondern über ihn zu sprechen*, schrieb Max Frisch.

Ein Bild des Todes ist mir seit der frühesten Zeit gegenwärtig. Der Tod, der sich mit seinen langen Laken im Birnbaum selber gefangen hatte, nicht heraus- und nicht herunterkam, sich immer fester einzurrte in die weißen Stoffbahnen und endlich bewegungslos im Birnbaum hing. Er bat demütig einen jungen Wanderburschen, der gegen Abend des Weges kam, ihn zu befreien. Der junge Mann zögerte, er hatte noch einen weiten Weg vor sich und es begann schon zu dunkeln, auch schimmerten die weißen Tücher, in denen der Tod hing, gespenstisch. »Lassen wir das lieber«, sagte er und wollte weitergehen. Aber der Tod schrie und bat so eindringlich und versprach, ihm einen Wunsch zu erfüllen, so dass endlich der junge Mann stehen blieb und ihm half. »Ich wünsche mir, dass du mich nie holst«, sagte der Mann. Aber der Tod sagte, das könnte er nicht versprechen, denn das eben sei ja seine Aufgabe und niemand könnte ihn davon freisprechen. Würde er sich nur ein einziges Mal auf einen solchen Handel einlassen, müsste er abdanken. Dann würde nichts mehr entstehen, weil nichts vergehen dürfte, ja, der gesamte Fortbestand der Welt wäre dadurch gefährdet. »Aber«, so sagte der Tod, »ich kann dir rechtzeitig

Boten schicken, die dir sagen, dass du dich vorbereiten sollst. Mehr kann ich nicht tun.«

Der junge Mann, da er nichts anderes erreichen konnte, gab sich zufrieden und sie trennten sich im besten Einvernehmen. Was immer auch in späterer Zeit mit dem Mann geschah, was immer er auch riskierte, in welche Gefahr er geriet, niemals hatte er Angst, weil er sicher war, der Tod würde ihm, bevor er ihn holen würde, Boten schicken. So wurde er alt und freute sich seines Lebens. Endlich wurde er mehrmals krank. Auch wenn diese Krankheiten heftig waren und ihm Schmerzen bereiteten, so war er doch zuversichtlich, daran nicht zu sterben, weil er ja auf das Wort des Todes vertraute. Aber eines Tages kam dann der Tod, stand einfach an der halb offenstehenden Zimmertür gelehnt und sagte, jetzt wäre es soweit. »Aber hattest du nicht …?«, fragte der nun sehr alte Mann. »Habe ich doch«, antwortet der Tod, »hattest du nicht in den letzten Jahren Krankheiten genug bekommen, all meine Boten?«

Fasziniert hatte mich früher die Geschichte nur wegen des Anfangs, dem im Birnbaum gefangenen Tod, das stoffliche Sich-Verfangen einer geisterhaften Figur, durch die ich meinte, durchgreifen zu können.

7.12. Was entdecke ich neu und was ist Anstoß zu Assoziationen, Erinnerungen, die den Moment aufheben? Auf jeder Reise die Bilder von anderen Reisen zum selben Ort, eine Fülle von Bildern, die sich übereinander legen, ein Netz von Beziehungen, so reich, dass ich immer mehr Zeit brauche, um sie zu genießen.

Vorm Fenster des Ateliers in Düsseldorf liegt ein Schiff im Hafen, das WÜRZBURG heißt. Ich nehme nur flüchtig die Buchstaben des Namens auf dem Lastschiff wahr und sehe doch sogleich die Stadt vor mir, die Fresken von Tiepolo im Treppenhaus der Würzburger Residenz, die Darstellung der vier Kontinente Afrika, Amerika, Asien, Europa. Vier Herrscherinnen, wobei Europa dekadent, schwelgerisch lasziv prunkt im Gegensatz zu den anderen drei, die ihre Kontinente kräftig und ungestüm in wilder Schönheit repräsentieren. Ich denke an den Main, an einen Gang am Kai entlang, an die Brücke mit den barocken Figuren und den Blick zur Burg hinauf. Und ich erinnere mich daran, dass wir in der Nähe Theater spielten, 1954 in Sommerhausen, und denke an meinen Sohn, der dreißig Jahre später in Würzburg studierte, und an den Sommer 1981, als ich in dieser Stadt recherchierte, weil ich ein Buch über den Sohn von Theodor Storm, Hans Woldsen, schrieb, der 1877 hier sein Medizinstudium abschloss. Und nun denke ich natürlich auch daran, dass ich damals, 1981, in einer Buchhandlung ein Buch von Hermann Broch fand, *Notizen zur Literatur I*, und in ihm etwas erfuhr über ein Manuskript von Ernst Kaiser, einem österreichischen Freund, der 1937 nach England emigrierte und den ich 1960 in Rom kennen lernte, wo er mit seiner Frau, der englischen Autorin Eithna Kaiser-Wilkins, Musil übersetzte. Er selbst schrieb äußerst merkwürdige, umfangreiche Romane, die alle verloren gegangen sind. Nur Brochs Schrift gibt noch Zeugnis von einem Manuskript, das er als Juror zu lesen bekam, als sich Ernst Kaiser während des Krieges um ein Stipendium bemühte. Diese den Text ehrende Besprechung ist die einzige Kunde von Ernst Kaisers Werk.

So viele Erinnerungen, Namen, Gesichter, Gerüche, Bilder über Bilder, die sich einstellen, wenn ich den Namen WÜRZBURG auf der Schiffswand sehe. Gut ist dieser Reichtum, diese unberechenbare Fülle, als säße ich an einer überladenen Tafel, auf der alles ausgebreitet zugleich vorhanden ist, was nach und nach sich einstellte, was ich gewann. Damals oft kaum genossen als Leben, jetzt bewusst als Erinnerung.

9.12. Manchmal bin ich die Älteste in der Runde und wenn ich dies feststelle, vermeide ich, als Erste aufzubrechen. Ich bin sicher, in zwei, drei Jahren werde ich es tun, es als Vorrecht meines Alters ansehen zu sagen: »Ich bin müde, ich gehe.« Jetzt noch will ich diese Müdigkeit nicht wahrhaben, überspiele sie so gut es geht. Die wachsende Gleichgültigkeit und die Empfindsamkeit, die schärfer werdenden Paradoxe. Ein neues Kapitel aufschlagen oder wie ich heute im Tagebuch bei Julien Green las: *In mir ist eine starke Sehnsucht zu etwas anderem hin. Ich weiß nicht, was dieses „andere" sein mag, ich weiß nur, daß die Erfahrung der Lust zu Ende ist. Die Lust erscheint mir wie ein hervorragendes Buch, das ich zu oft gelesen habe; wenn ich jetzt die Seiten umblättere, gibt es keine Überraschungen mehr. Gehen wir also zu einem anderen Werk über.*

Der Abschied von der körperlichen Liebe zieht sich lange hin. Immer wieder das Wahrnehmen mit dem Körper, der alte Zauber. Mich genau betrachten. *Ohne Erbarmungslosigkeit auch uns selber gegenüber – können wir niemals frei sein und werden unseren Gefährten immer zur Last fallen.* Ich weiß nicht, wen ich hier zitiere, doch behielt ich den Satz im Gedächtnis. Dabei gibt es immer noch das überraschende Glück, einen Menschen zu treffen, der auf derselben Frequenz sendet, der meine Worte und Gesten so interpretiert, wie sie gemeint sind. Das Vergnügen miteinander zu sein, ohne Absprachen. Eine Leidenschaft füreinander aus dem Moment heraus und dieselbe spöttisch empfindsame Haltung, ein gewisser skeptischer Enthusiasmus – schon wieder eine Annäherung mit den Worten, ein Versprechen. Doch in keine Zukunft mehr einzupassen.

10.12. Winterlich verzögert scheint alles zu sein. Keine gute Stimmung im Land. Die Rezession wie ein Sog. Schon haben auch wir jüngere Freunde, die arbeitslos sind. Zur Begründung wird jetzt in vielen Fällen nicht mehr gesagt, dass es der Firma schlecht gehe und sie deswegen Mitarbeiter entlassen müsste, sondern dass die Gewinne nicht mehr hoch genug seien. Entscheidungen ohne Zukunftsperspektiven.

Es klingt merkwürdig, in dieser kurzatmig reagierenden Welt von einem langen Alter zu reden, das gewünscht wird.

Ich erkläre einer Singlefrau, was ich von der Ehe halte: Der Partner kennt dich besser als jeder andere Mensch. Er kennt dich gleichzeitig in so vielen Zeiten, zeitenthoben. Wenn er dich ansieht, kann er dich sehen, wie du vor vielen Jahren warst, unruhig mit dreißig und todeskrank mit vierzig. Eine Wegzehrung, eine Chance voller Passion ist die Gewissheit der Anwesenheit des anderen. Er kennt deinen Körper, wie er vor vielen Jahren war und wie er sich änderte. Er hat die Phasen des Alterns mitgemacht, er weiß, was du liebst und was du fürchtest, wovor du zurückschreckst, es zu tun und warum du es dann doch tust. Er kennt deine Verletzungen, deine Launen, deine Großzügigkeiten, die Felder deiner Niederlagen und der Eroberungen, deine Wandlungen – falls er sich Zeit dafür nimmt, sie wahrzunehmen. Die Abkürzungen im Sprechen versteht er und viele deiner Assoziationen sind ihm vertraut, obwohl er immer auch andere haben wird und immer wieder neue. Er kennt sehr viel von dir und deswegen ahnt er, was er alles nicht kennt. Er weiß, was dir wichtig ist, in welchem Stollen du immer noch herumschürfst und was du erwartest zu finden, was deine Obsessionen sind, was dich wach hält und dich zärtlich sein lässt zu deinen Freunden und was unnachgiebig. Du hoffst, dass es so ist.

Nein, ich sage ihr nicht alles, was ich noch sagen wollte, ich werde schweigsamer. Das Alter schafft Distanz. Das Paradoxe ist, je älter ich werde, umso unausweichlicher weiß ich, dass ich allein bin, und gerade das macht mich umso empfindlicher für das Glück einer Gemeinschaft. Ich verteidige sie, obwohl ich gerade dabei bin, sie mal wieder zeitweise zu verlassen. Endlich sage ich dann doch noch zu meiner Gesprächspartnerin: Ehe ist ein Lackmuspapier, untrüglicher Test für dich selber und den anderen, und ein Abenteuer, das dich in Atem hält.

12.12. Ich zwinge mich dazu, aufmerksamer zu sein, sehe auch Gesichter jetzt genauer an, behalte sie wie Bilder. Z. B. der junge Mann in der Bank. Lächelnd kommt er mir entgegen, hört scheinbar geduldig meine Frage an, die Frage einer alten Frau, die wieder etwas nicht verstanden hat.

Es kommt vor, dass man mir bei einem Einkauf zu wenig Geld zurückgibt, weil man annimmt, ich würde es nicht merken. Ich ärgere mich weniger darüber, dass man mich betrügen will, als darüber, dass man mich schon für unfähig hält, aufmerksam zu sein. Tatsächlich nehme ich das, wenn es sich um kleine Summen handelt, gelegentlich hin und sehe es als Opfer für den Gott der kleinen Gaben an.

Dass die Römer im Pantheon einen Altar auch für den unbekannten Gott aufstellten, hat mir diesen unvergesslich gemacht und mich überzeugt von der Weisheit alter Religionen, die um ihre beschränkten Kenntnisse wussten und so Raum ließen für die Verehrung dessen, was vorhanden ist, sich aber unserer Einsicht entzieht.

13.12. Was ist noch notwendig? Was wünsche ich noch? Manchmal gibt es den Absturz im Hotelzimmer, nach einem Treffen, einer Lesung. Fremd alles um mich herum, genormt, als sei es für niemanden gemacht. Das Fernsehen im Zimmer. Als meine Mutter alt war und alleine lebte, hörte ich, wenn ich anrief, zu jeder Tageszeit den Satz: »Warte, ich schalte erst mal das Fernsehen aus.« Plötzlich möchte ich wissen, wie hielt sie das aus?

Der große italienische Dichter Pavese nahm sich das Leben. Dies ist eins seiner letzten Gedichte:
Es wird nicht nötig sein, das Bett zu verlassen.
Nur das Morgengrauen tritt ins leere Zimmer.
Das Fenster genügt, jedes Ding zu kleiden
in ruhiges Scheinen, ja in Licht.
Es legt einen hageren Schatten auf das zur Decke
                              starrende Gesicht.
Die Erinnerungen in Schattenbrocken,
verborgen wie alte glimmende Kohle

im Kamin. Die Erinnerung ist die Flamme,
welche noch gestern in den erloschenen Augen
blitzte.

Vor Jahren war ich in Turin, ging in das Hotel am Bahnhof, übernachtete dort in einem altmodischen Zimmer in ehrfürchtiger Erinnerung an Pavese. Später erfuhr ich, es war nicht das Hotel, in dem er aus dem Leben schied.

14.12. Jeden Abend überrascht mich nun der Einbruch der Nacht, als käme sie zu früh. Ich weiß nicht, wie ich all mein Leben noch in die Kürze der Zeit unterbringen soll. Die Zeiten, die vergangen sind, verdichten sich. Zuweilen bewege ich mich in ihnen wie in einem Irrgarten. Wer steht mitten auf dem Turm und hilft durch Zurufe den Verirrten? Ist jemand da? Im Irrgarten der Villa Pisani an der Brenta kam, wenn er abends geschlossen wurde, der alte Mann mit einem Hund und suchte nach den müde Hingesunkenen, die den Ausweg nicht gefunden hatten.

Fremd sich fühlen. Dies Gefühl des Erstaunens, dass ich dies hier bin, hier liege. Das Zimmer um mich herum. Das Erstaunen, zu sein, in den Körper gebannt, die Frau, die dies erinnert, die alt ist, mit der ich mehr zu tun habe als mit allen anderen Menschen, der ich nie ausweichen kann, die mich jetzt mit in das Alter nimmt, deren Zeit schon sehr lange andauerte, die diesen und jenen Menschen kannte, liebte, die Pläne hatte, immer öfter nun zu Beerdigungen geht von Menschen, die sie lange die ihren nannte, die gleich wieder nach Hause geht, noch einmal anruft den, den sie liebt, plötzlich ungewiss, ob er sie liebt.

Ich meine, ob er diese Frau liebt, so wie ich sie nun sehe und kenne, die sich nun in ihrem Zimmer umsieht, das ihr vertraut ist, das sie eingerichtet hat vor langer Zeit. Es ist erstarrt, sie könnte es verlassen sie tut es aus Trägheit nicht oder, sagen wir freundlicher, aus Müdigkeit nicht, interessiert an nichts, was sie umgibt. Oder ist es gerade jetzt anders, ist es eine Aufbruchstimmung, die ihr plötzlich all das Angehäufte durchaus lachhaft überflüssig erscheinen lässt? Erstaunlich ist dies alles nicht, alles austauschbar, versetzbar. Nur einzig nicht zu begreifen ist ihre Anwesenheit hier, ihre zeitliche Anwesenheit und das unbedingt Zwingende, dass sie bald verschwinden muss. *Und wenn du mich suchst, so findest du mich nicht mehr*, drohte einst Hiob seinem Gott, den Schöpfer selbst mit der Waffe der Endlichkeit schlagend.

Der Tod wächst in uns, wir bringen ihn ins Leben hinein. Unsere Frucht: die Auflösung. Verbergungen, Masken ablegen und die Gewohnheiten der Abwehr, auch die nach außen gewendeten Ängste. Es bleibt die Annäherung und die Hoffnung auf Erkenntnis. Wäre es mir möglich, wenn der Tod lächelt, zurückzulächeln, ihm entgegenzugehen, ihn einzuladen zu kommen?

15.12. Hörte Musik von Nino Rota, ließ mich gehen, dachte an Rom und an das, was geschah und verfiel. Die Musik beschwor Erinnerungen, alles war schon gewesen, zerfiel weiter, und plötzlich packte mich ein solch unerträgliches Entsetzen, Tränen traten mir in die Augen und ich sprang auf, rannte durch die menschenleere Wohnung und rief sehr laut: »Wie soll ich das denn aushalten! Wie soll ich das denn aushalten!«

So als würde ich körperlich vernichtet, könnte es nicht ertragen und müsste es doch. Ich fand mich selber beschämend sinnlos der Angst hingegeben, und konnte mich doch nicht einfangen.

Ich lief zum Telefon, rief Robert über Handy an, um mich mit einem Menschen zu verbinden, der mich kennt und das, was uns versunken ist, und hörte die automatische Stimme, dass er zur Zeit nicht erreichbar sei. Was sollte ich ihm auf das Band sprechen? Ich ließ es sein. Ich schrieb auf einen Zettel: Wie soll ich das denn aushalten, dass alles verschwindet, vergeht, versinkt – ohne diese Schicht der Abdämpfung, der Geschäftigkeit, diese Abfederungen, die gleich den Bewegungen des Schwimmers sind, damit er nicht untergeht.

Und noch immer schluchzend, versuchte ich mich zu beruhigen im Bewusstsein, dass gleich die Betäubung sich darüber legen wird. Ich verstehe jeden, der an Selbstmord denkt, der nach Drogen verlangt, Pillen schluckt, wenn die Angst vor dem Unverhüllten übermächtig wird.

Wen kann ich jetzt anrufen, um einfach zu sagen, dass mich die Verzweiflung schüttelt?

Ich will Freunde besuchen, bei ihnen sitzen, ausruhen, in einem anderen Raum sein, nicht in meinem gefangen. Schon das wäre eine Erleichterung. Überhaupt alles Äußere hält mich jetzt wie ein Korsett. (Ein Korsett mit Fischbeinstäbchen fand ich als Kind im Schrank meiner Großmutter. Eine mächtige weiße Hohlform aus Leinen genäht, die ich auf den Fußboden stellen konnte. Komisch anzusehen, ein innerer Panzer, auf der Haut zu tragen.) So verberge ich mich nicht, sondern trage des Gespenst meiner Verstörung herum, frage mich dringlicher jetzt, an wen ich mich wenden kann, suche die mir Nächsten und habe das Glück, eine Freundin anzutreffen, als ich unangemeldet bei ihr an der Tür klingele.

Sie telefoniert, als ich komme. Das ist in Ordnung, ich weiß, keiner hat auf meine Verzweiflung gewartet. Keiner sieht auch gleich das zottige Untier, mit dem ich eintrete, das ich nicht mehr wie sonst an der Leine bändigen kann, sondern das mich schon in seinem Maul trägt. Kaum haben wir gemeinsam Platz auf dem Sofa. Die Enge, die ich heute mitbringe, bedrückt mich. Meine Klaustrophobie ist meistens gemäßigt, aber doch nie ganz zu überwinden. Die Freundin sieht mich forschend an, während sie telefoniert. Ihr Blick fragt, was ist mit dir? Ich will ansetzen, etwas sagen, doch da wird sie lebhaft, ihr Gesprächspartner redet nun mit ihr. Sie lacht, widerspricht, ist nicht einverstanden. Der Ton wird härter, sie lacht wieder, um dies abzumildern. Ich verstehe nicht, um was es geht, es ist mir auch gleichgültig. Ihr Blick hat mir gut getan, ihre stumme Frage. Ich zögere, weiß nicht, was ich gleich sagen werde. Der Atem für einen gellenden Hilfeschrei ist mir genommen, zu wohnlich gedämpft ist diese Umgebung. Ich muss mich vernünftig benehmen, auch hier. Wäre sie nicht am Telefon gewesen, ich hätte sie überfallen können mit dem Entsetzen über das, was sich immer unabweisbarer mir aufdrängt, noch bevor ich sie, ihre Situation in diesem Augenblick und alles, was uns umgibt, zur Kenntnis genommen hätte. Doch jetzt ist sie in dem anderen Gespräch und wenn sie auflegt – und ihr Gespräch wird lange dauern, weil wir befreundet sind braucht sie auf meine Anwesenheit keine Rücksicht zu nehmen – wird sie von dem sprechen, was sie gerade versucht, telefonisch zu klären und ich werde abwesend zuhören und mich dabei beruhigen. Nein, nicht wirklich, aber einige Vorhänge zuziehen, damit sie das Spektakel nicht sieht, was so unkontrolliert in mir abläuft, dieser Abfall von jeder Gewissheit, diese Unterwelt, die immer öfter meine Oberwelt überflutet, so dass sie scheinhafter wird. Mühsam stehe ich auf, gehe in die Küche und koche uns Tee. Als sie kommt, höre ich ihr zu und kann nichts erklären.

16.12. Dies hier schreiben – wie ein Spiel, mich erinnern an Regeln, neue erfinden für das Vor- und Zurückrücken, was doch immer ein Vorrücken ist. Heute Morgen wachte ich auf und wusste, dass man mich zum Tode verurteilt hat. Das Todesurteil hatte man mir nachts mitgeteilt in einem Moment, als ich nicht ganz aufmerksam war, zwischen Schlaf und Wachen laborierte. Ich verlief mich in Gängen mit geschlossenen Türen, irgendjemand, der sehr lange Beine hatte, ging voraus und rief meinen Namen. Hinter den geschlossenen Türen waren die Freunde und Anverwandten oder möglicherweise Fremde – was weiß ich denn, wer dieses oder jenes Gesicht mir zeigt. Aber sie rührten sich nicht. Die Luft war von so schwefelgelber schwerer Substanz, dass ich kaum zu atmen vermochte. Ich hatte den Eindruck, dass alles auf das Ungünstigste arrangiert worden war, um mich einzuschüchtern.

»Ich war immer gegen die Todesstrafe«, sagte ich, »was macht das für einen Sinn, wenn ich sie nun doch erleiden muss und dies ohne Schuldspruch. Ich will den Schuldspruch, wenigstens den, damit es eine Berechtigung gibt. Ohne Schuldspruch kein Urteil.

Ich will wissen, warum ich getötet werde, gewaltsam – denn jedes Ende des Lebens ist gewaltsam. Der Körper wehrt sich bis zum letzten Zucken dagegen, wenn er nicht vorher schon so geschwächt wurde durch die unnatürlichsten Torturen, den Blut- und Kraftverlust. Abgearbeitet der Körper bis auch der Widerstand gegen diese Todesverurteilung zum Erliegen kommt, die Kraft gebrochen wird, die doch jede Pflanze antreibt, selbst bei den ungünstigsten Lebensumständen zu wachsen und sich dem Licht entgegenzustrecken.«

Ich entwich ins Freie und hielt Passanten auf der Straße an, bat sie um Gehör, wollte ihren Beistand. »Es ist nicht rechtens, dass ich zum Tode verurteilt bin«, sagte ich leise flüsternd neben einem dahinschlurfenden Mann hergehend. Da er eine ungeduldige Geste machte, wandte ich mich an eine Frau, die noch jung war und eiligen Schrittes nichts vom Tod zu wissen schien. »Warum gerade ich und warum jetzt? Würden Sie für mich eine Resolution unterschreiben, seien Sie doch auch dagegen.«

»Ich weiß nicht, was Sie wollen«, sagte sie nicht ohne Mitleid, und ich war ihr dankbar, dass sie überhaupt stehen blieb, was sie bei dem Wachturm-Verteiler, der ihr zuvor in den Weg getreten war, nicht getan hatte.

»In gewisser Weise ist es normal«, sagte sie.

»Normal, dass ich getötet werde?«

»Nein«, sagte sie.

»... und dass man noch verlangt, dass ich es selber tue, mich langsam vom Leben selber trenne? Normal nur, weil unentwegt überall in der Welt Menschen in diese Hinrichtung eintreten, hingerichtet werden oder sich selbst hinrichten? Ich werde die Stunde nicht selber bestimmen dürfen, ich werde aus mir selber entfernt werden. Nachts, wenn der Körper zu schwach ist, um die Seele zu halten, werde ich erdrosselt, erstickt werden, die Möglichkeit zu atmen verlieren. Nun ja. Die Todesart steht ja noch nicht fest und deswegen soll man schicklicherweise nicht darüber sprechen. Aber ist es nicht ein einziger Skandal? Wir protestieren doch sonst gegen alles, was die Freizügigkeit des Lebens einschränken könnte, warum nicht in diesem Fall. Ich werde eine Demonstration gegen den Tod organisieren, würden Sie kommen?«, fragte ich.

»Später«, murmelte die junge Frau, »später gewiss, aber jetzt – man erwartet mich, entschuldigen Sie.« Und damit enteilte sie, und auch ich wandte mich ab und machte mich auf den Weg zu meiner Verabredung, zur Vollstreckung des Todesurteils und warf die leeren Blätter fort, auf denen niemand unterschrieben hatte.

»Das Alter ist nichts für Feiglinge«, diesen vortrefflichen Satz verkündete die amerikanische Schauspielerin Mae West, als sie alt war.

17.12. Heute Nacht. Fühlte mich miserabel. Als die Herzschmerzen sehr stark wurden, fuhr Robert mich ins Krankenhaus. Die Leere in der Ambulanz, das lange Warten. Hin- und Hergehen im Flur. Krankheiten sind normal, wir sind nur partiell krank, immer auch partiell gesund. Die Angst, die Unruhe eines Mannes, der auf den Bescheid wartet, was mit seiner Frau geschieht. Das Nichtschlafen der Kranken, weil in der Nacht der Tod kommen kann. Der Körper, ein nicht enganliegendes Gewand für die

Seele. Den Körper ablegen wie einen alten Mantel, den man eines Tages nicht mehr braucht.

Ich erinnere mich an eine andere Nacht in einem Krankenhaus in Italien. Ich hatte einen Unfall. Gegen zwei Uhr nachts werde ich in einen dunklen Raum hineingeschoben. Die Krankenschwester leuchtet mit einer Taschenlampe gerade so weit in den Raum hinein, dass der Krankenpfleger sieht, wo er mein Bett hinstellen kann, schräg zu zwei anderen, die an den Wänden stehen. Ich sehe kaum etwas. Mein linkes Bein ist hochgelagert. Es ist nach einem Sturz angeschwollen um das Vielfache seines natürlichen Umfanges.

Alle Stunde kommt die Schwester und beleuchtet mein Bein und fühlt, ob es kalt geworden ist. Es wird nicht kalt und sie ist zufrieden. Ich schlafe nicht ein, ich versuche im Dunkeln zu erkennen, wer in den Betten liegt. Neben den Kopfenden der Betten sind Stühle, ich bin nicht sicher, ob dort jemand sitzt, so wenig bewegen sich die beiden Gestalten. Schwarze, zusammengesunkene Gestalten, zwei Frauen. Die eine beginnt gegen Morgen, als es langsam draußen hell wird, mit der alten Frau zu reden, die im Bett liegt. Ich höre nicht, was sie sagt, sie flüstert. Jetzt richtet sich die andere Frau auf, die an dem zweiten Bett gewacht hat. Hebt den Kopf der Liegenden hoch und richtet deren Kissen. Alles schweigend. Dann beginnt die Alte im ersten Bett zu reden und ich sehe ihren Kopf, der sich erheben möchte aber sogleich zurückfällt, fremd in dem Kissen ruht. Ich verstehe jetzt gut, was die jüngere Frau zu der alten sagt: »Wir werden dich heute nach Hause holen, du brauchst nicht mehr im Krankenhaus bleiben. Der Arzt hat gesagt, wir können dich mitnehmen.«

Die alte Frau antwortet erst nach einer geraumen Zeit. Es klingt, als taste sie sich langsam einen Weg ins Bewusstsein zurück. Sie spürt, dass sie noch anwesend sein soll. Nun ist auch ihre Stimme verständlich. »Buio!« Alles, was sie vor sich sieht, ist nur Dunkelheit. »Buio!« Wie soll man hineingehen in die Finsternis, wie sich dort orientieren, wenn es zu dunkel ist, um einen Weg zu sehen? Und ich schaudere und hebe mein Elefantenbein hoch, um selber zu spüren, ob es schon abstirbt. Der Tod ist gegenwärtig im Raum, sein Schleppmantel, der uns hinwegwischt. Aber die Frau widerspricht der Mutter.

»Nein«, sagt sie, »Hör doch! Hörst du nicht?« Und sie sagt es beschwörend, mit einem solch ernsten Nachdruck, als lege sie allen Gefährdungen zum Trotz ein Gelöbnis ab: »Einerlei wie auch immer – la vita é cosi preziosa!« Der Satz bleibt mir unvergesslich, dies Beharren auf der Kostbarkeit des Lebens, selbst wenn es kaum noch zu ertragen ist. Dennoch ... cosi preziosa!

In Italien findet man noch zuweilen eine gewisse Ehrfurcht vor dem Kranken. Er ist nicht zufällig krank, hat keinen vermeidbaren Fehler gemacht, sondern sein Kranksein bedeutet etwas. Wie auch das Alter etwas bedeutet, uns davon Kenntnis gibt, dass wir uns stetig wandeln und Teil von allem sind. Das gibt dem Kranken wie dem Alten seine Würde.

18.12. Ich bekam die Aufforderung mich an einer Anthologie zu beteiligen, die »sich auf unterschiedlichste literarische Weise mit den verschiedenen Facetten des Alters beschäftigen soll.« Gefragt werden soll danach, wie ältere Menschen in einer Großstadt leben und ob und wie anders auf dem Dorf. Was erleben alte Frauen, alte Männer? Wie reagieren wir auf die Jungen, wie sie auf uns? Ich zögere, einen Text dafür zu schreiben, ohnehin beschäftige ich mich seit dem Sommer immer wieder mit dem Sondieren dieses neuen Terrains. Doch schreibe ich hier nur über persönliche Erfahrungen und Beobachtungen, kann nicht sagen, so und so ist die Situation der oder jener Gruppe in der Bevölkerung. Ich kann nur von mir sprechen. Immer wieder der Moment, in dem das Altgewordensein erkannt wird. Dies stets Neue der Erfahrungen behalten. Das Alter macht neugierig. Von Tag zu Tag lerne ich mehr, von mir selber abzusehen. So wird mir erstaunlicher, was ich beobachte. Dann wieder ermüde ich, weil ich nicht mehr so viele tägliche Verpflichtungen habe, die mich fest mit der Gegenwart verbinden ... Ah, wie wir uns drehen und wenden, um in das Endbett hineinzukommen, hineinzupassen, in das wir hineinkommen sollen.

»Entschuldigen Sie, ich höre jetzt auf zu reden, ich merke mein Alter«. Mit diesem bemerkenswert gelassenen Satz brach ein ungarischer Freund von Sandro Márai eine Rede ab, als er beim Völkerbund in Genf sein Land vertrat.

20.12. Der Afghanistan-Krieg ist zu Ende, wird verkündet. Man hat viele Tote geschaffen. Im Fernsehen der Himmel über dem weiten kargen Land und an Fallschirmen schweben langsam bündelweise lange Beinprothesen zur Erde, und Menschen auf Krücken, ihre Beinstümpfe schwingend, bewegen sich dorthin, wo sie wahrscheinlich landen werden.
    Hatten wir nicht, als wir jung waren, die Vorstel-

lung, wir würden die Welt anders gestalten? Nie sollte sie wieder so mörderisch sein, wie sie gewesen war. Was tat ich? Was verhinderte, was förderte ich? Mich nicht ausreden auf andere.

Ich behaupte nie, früher wäre irgendetwas besser gewesen. Ich kann es nicht, denn mein Leben begann in der Nazizeit. So vieles was jetzt geschieht, hat dort seine Wurzeln. Ich werde vorsichtiger im Schlüsse-Ziehen, ich habe Vergleichsmaterial. Was mir jetzt auffällt ist die absolute Käuflichkeit, an die offensichtlich geglaubt wird, obwohl es gegenteilige Erfahrungen gibt. Der Frieden soll gekauft werden. Abhängig bleibt, wer gekauft wird.
 Auf dem Petersberg bei Bonn tagt die Versammlung, um eine neue politische Ordnung in Afghanistan aufzubauen. Durch Drohungen und Lockungen wird der Abschluss pünktlich erreicht, aber kein Frieden gesichert. Immer wieder schaffen wir Bedingungen, die zu Kriegen führen, in die wir dann eingreifen müssen.

Auf schmalem Grat leben, auf einem Seil balancieren, den grellbunten Schirm Hoffnung hochhalten. Die Angst, dass das Seil reißen könnte, plötzlich ein Schritt ins Leere. Denke an Jürgen Fuchs, der schon zwei Jahre tot ist – oder sind es schon drei? Die Toten sind außerhalb der Zeit, das tut gut zu wissen. In seinem letzten Buch *Magdalena*, schrieb er: *Und das andere, lieber Freund, Rechercheur und Opponent, das musst du finden, zeigen, erläutern, pur und gemixt, früher oder später. Es ist später. Dann beeil dich! Ich will nicht hetzen. Dann langsam! Das dauert dann wieder. Leben wie die Dachdecker, nicht nach unten sehen, die Zukunft ist der nächste Tag, kleine Schritte, Kurs halten, Ironie bewahren, viel lachen ...*

21.12. Wieder Afghanistan. In einer Berghöhle haben amerikanische Geheimdienste ein Video gefunden, das Osama Bin Ladens Schuld eindeutig beweisen soll. Der »gerechte« Krieg wird gerechtfertigt werden. Ich kaufe mir nicht mehr so viele Zeitungen und sehe tagelang auch kein Fernsehen mehr. Ich werde wie mein Vater empfindlicher bei den Worten, den Bildern. Ich erinnere mich, dass er an dem Tag, bevor er starb, plötzlich noch einmal an unserem Gespräch teilnahm. Er lag in seinem Schlafzimmer, die Tür stand offen und so konnte er einigen Verwandten zuhören, die unten im Wohnraum saßen und laut darüber redeten, dass Uwe Barschel ermordet worden sei. Da richtete er sich plötzlich mit einem Schrei auf und wiederholte: e r m o r d e t! So entsetzt, als hätte er jetzt die Nachrichten aller Tode von denen, die ihm in seinem Leben nah gewesen waren (und es waren gewiss viele, da er in zwei Weltkriegen beteiligt gewesen war) plötzlich in ihrer Bedeutung begriffen. Als würde die gewalttätige Vernichtung so vieler Leben in diesem Moment sich vor seinen Augen vollziehen, das Morden und Hinabstürzen in einen sich immer weiter aufreißenden Abgrund, in dem die Toten sich türmten wie Erdschichten, über die jetzt sein Blick ging, den eigenen Platz suchend. Es war ein furchtsames Erstaunen, als hätte er plötzlich begriffen, was das bedeutete, was er gesehen hatte, als erführe er es erst jetzt in der Abgeschlossenheit seines Sterbezimmers. Dies war seine letzte Anteilnahme an der Welt, bevor er zurückkehrte zu seiner geduldigen Arbeit, sich zum Tod hin durchzuarbeiten.

Den Tod nicht mehr mit umgekehrtem Fernglas von weitem beobachten, sondern nun ohne Fernglas ihn nah sehen, seinen Anhauch spüren und lässig »Willkommen« rufen. »Ganz so weit bin ich noch nicht, aber immerhin«, sage ich zu ihm. »Setze dich schon mal auf die Wartebank, während ich noch herumgehen und meine Ausbeute inspizieren will von der letzten Jagd, die ich abgehalten habe.« Oder habe ich keine Strecke mehr erlegt, nicht mehr das geringste Wild? Bin ich es jetzt selber, die andere auf einer Trage vom Ort des Geschehens forttragen werden, einen Tannenzweig auf der Brust, die offenen Augen zum Himmel gerichtet, der auch unser Bild aufnimmt?

Wann habe ich akzeptiert, alt zu sein? Erst augenblicksweise. So im Juli in Italien als ich nachts allein auf der Terrasse lag und den Himmel über mir lange betrachtete, ganz verloren im Anschauen. Es war eine klare Nacht, der Tag war von afrikanischer Hitze gewesen und ich nicht aus dem Haus gegangen. Nun in der Kühle der Nacht lag ich hier. Das Tal unterhalb der Terrasse war schwarz. Entfernt zwei Lichter von einem Gehöft. Sonst nichts. Es war nicht wirklich still. In den Wäldern im Tal hielt sich das nächtliche summende Geräusch der Grillen, das ich nirgendwo anders je hörte, ein geheimes Leben betätigte sich dort. Der Himmel endlos dunkel, deutlich hineingesetzt die Sternbilder, dazwischen verstreut einzelne Sterne. Unbeweglich alles. Ich lag und sah dies an und wusste, dass ich dort oben hineingehen werde.

Alles Licht der gewesenen Tage ausgeblendet. Ich möchte die Zeit dehnen. Im ruhigen Ablauf mehr Intensität als in der Hektik, mit der wir meistens leben. Ein Satz aus der Schilderung eines ländlichen Lebensablaufes im *Gattopardo* geht mir nach: ... *dort verbrachten wir lange Wintermonate.* Welch schöne Gelassenheit.

Die Angst um den anderen, der neben mir alt wird. Das erschöpfte Gesicht eines Mannes, der viel gearbeitet hat. Der Mensch muss sich verbrauchen. Mein Mann hat sich verbraucht. Ich liebe ihn mit einer Zärtlichkeit, die mir früher unbekannt war. Dabei ist er im Schlaf nun weit entfernt, allein bei sich.

23.12. Im Radio der *Zauberberg*, Hörspiel in zehn Folgen. Schalte zufällig den Sender an und höre den siebten oder achten Teil. Die Diskussionen gedämpft durch den Ort, in dem sie stattfinden, sie werden vorgetragen, nicht mehr ausgetragen.

Alle möglichen Erkenntnisse der Patienten ändern nicht den Ablauf ihrer Tage. Die Verschwörungen finden nur noch im Kopf statt. Ein Zeitmaß (hier, wo im Gleichmaß der Tage alle Zeit sich beruhigen soll) ist das Warten auf die kranke Geliebte, die vor Monaten abreiste und eines Tages wiederkommen soll, wenn ihre Krankheit sich verschlechtert haben wird. Sie, die nicht weiß, dass sie geliebt wird und diese Liebe nie erwidern wird. Alles Gesagte klingt wie ein Echo vergangener Gespräche. Der Zauberberg – ein Bezirk in dem Abstand zum Leben genommen wird. Die Distanz der Kranken, der Alten, auch der Berühmten zur Wirklichkeit. Ich finde hier die Darstellung des Entschwindens, das fatale Nicht-mehr-eingreifen-

Können. Von drei Salutschüssen noch über dem Grab des Vetters wird geredet, lächerlich pathetisch, wenn es erzählt wird, aber mit der gierigen Sehnsucht nach einem sinnlicheren Sein, einem Sein im Fleische anderswo, während hier auf dem Zauberberg die Ideen das feurige Aroma einer dahindämmernden Gesellschaft geben. Man isst reichlich und lange und kenntnisreich. Noch einmal das Wildbret schmecken, soweit es erlaubt wurde und nicht schon alles püriert gereicht werden muss, weil der beginnende Tod dem flotten Leutnant in der perlgrauen Hose und dem fliederfarbenen Jackett langsam den Hals zudrückt. Noch einmal schmecken diesen Brunello ...

Wird durch Minderung des Lebens der Schmerz, sich des Lebens begeben zu müssen, gemildert? Über den Schmerz beginne ich jetzt anders zu denken. Erinnere mich an meinen Freund Ernst Kaiser, der ein schwieriges Leben hatte. Und doch schrieb er mir, als er krank wurde und die Schmerzen ihn unaufhörlich quälten, dass ihm diese Erfahrung der Schmerzen noch gefehlt habe und so ertrüge er sie. Er lehrte mich, alles, was geschieht, als mir zugehörig anzunehmen, als eine Herausforderung.

Warum gelang es mir nicht, so vollkommen unglücklich zu sein, dass ich die Beklemmung in meiner Existenz so stark fühlte, von deren Schatten ich doch ständig berührt wurde, dass ich alle Bindungen aufgab? Was war die Realität, wurde ich krank, um mich ihr zu nähern? Indem ich sie benenne, fasse ich sie?

Lange schon begleitet mich die Vorstellung vom Tod als eine weite, weiße Fläche, die sich horizontlos ausdehnt und in die ich hineingehen werde, begierig wie ein Mensch, der einen Weg eingeschlagen hat und immer wieder denkt, bis zur nächsten Biegung gehe ich noch, um zu sehen, was ich von dort aus erkennen kann. Dort angekommen, wiederhole ich dies immer wieder bis zur nächsten Biegung.

Ich erinnere mich an eine Tagebucheintragung von Thomas Mann kurz vor seinem Tod, er warte nun darauf, wann wird es geschehen? *Wann ereilt es mich – ?* Eine sachliche Frage, nicht abwehren das, was geschehen wird, auch nicht es wünschen, sondern nur fragen, wann werde ich aufbrechen? Wann wird der Übergang sein? Wann wird es geschehen?

Gab es früher im Leben unzählige Kreuzungen mit Möglichkeiten, nach allen Himmelsrichtungen zu gehen, und konnte ich mich immer wieder für eine andere Richtung entscheiden, so liegt jetzt die eine Straße eindeutig vor mir. Langsam gehe ich weiter mit denen, die neben mir sind. Irgendwann später werden wir an die Klippen kommen, die über dem altehrwürdigen Styx hängen, oder uns in Scharen am Ufer des Flusses drängen. Dann ist kein Fährmann mehr nötig. Die Toten reichen einander selbst hinüber zum anderen Ufer. Sie stehen im Wasser und heben die nachkommenden Toten über ihren Köpfen weiter, bis sie selber an die Reihe kommen und andere ihren Platz einnehmen. Der Fluss ist voller Menschen, die auf diese Art einander helfen, in die Unterwelt zu gelangen.

27.12. Ich habe noch nicht vom Tod meiner Mutter erzählt, das bleibt nachzutragen. Einmal begann ich damit hier auf den Tagebuchseiten, näherte mich diesem schmerzhaftesten Kapitel und hatte es noch nicht zu Ende geschrieben, als der Computer plötzlich stockte. Offenbar ein Fehler im System, der niemals zuvor aufgetreten war. Als nach einiger Zeit der Bildschirm sich verdunkelte und das rote Pausenzeichen im scheinbar dreidimensionalen Raum kreiste, bewegte ich hektisch die Maus, bis das Bild wieder erschien. Doch nun war die ganze Seite weiß, der Text vom Sterben meiner Mutter gelöscht, nichts als die leere weiße Fläche mir gegenüber, während alle anderen Texte wieder zugänglich und veränderbar waren. Ich schrieb dann damals nicht weiter. Doch kann ich diesen Teil ihrer Geschichte nicht auslassen. Der Tod muss beschworen werden, weil sonst das Leben nicht vollständig ist.

Im Frühjahr des Jahres, in dem sie starb, hatte ich mich mit ihr überworfen, weil ich es plötzlich nicht mehr aushalten konnte, wie sie war – so behauptete ich vor mir selber. Ich erkannte nicht, dass die ständigen Anrufe und Vorwürfe Anzeichen des Alters waren, mehr noch Anzeichen ihrer sich ausbreitenden Krankheit, die ihren Geist oft zerstreute. Sie stellte falsche Behauptungen auf und beharrte auf Beschuldigungen, von denen sie selber wissen musste, dass sie unsinnig waren, und gegen die ich mich sinnlos wehrte. Es war all dies zu nahe Qualvolle, dem ich mich mit unsäglicher Verspätung endlich entziehen wollte. Eindeutig wollte ich mich von ihr entfernen, das war es. So warf ich ihr vor, dass meine Kindheit keine Kindheit gewesen sei, wie ich wünschte, eine gehabt zu haben, und dass sie mich als Vertraute missbraucht hatte, den Gashahn aufdrehte und mich dann zu sich rief – oder mich zu sich holte, wenn sie mit meinem Vater eine der schrecklichen Auseinandersetzungen im Schlafzimmer hatte. Doch sinnlos war, das alles zu wiederholen als sie alt und wehrlos war. Sie, die sich immer als Wehrlose dargestellt hatte und die ich als Kind so leidenschaftlich beschützen wollte. Dabei war sie auf ihre geheimnisvolle, oft infantile Art stark – und vielleicht war es gerade das gewesen, was mich gegen sie am Ende einnahm.

So schrieb ich ihr in dem Frühjahr, an das ich mit Bangen zurückdenke, weil alles sich so zwangsläufig entwickelte, als ich gerade meinte, frei zu handeln, dass ich mich die nächsten Monate nicht mehr melden würde. Es wäre gut, wir würden eine Zeit lang nichts voneinander hören, um Ruhe einkehren zu lassen. Und sie hielt sich an diese Vereinbarung, die ich bestimmt hatte. Das Nächste, was ich einige Monate später von ihr erfuhr, war im Sommer durch einen Anruf, der mich in Italien erreichte. Man hatte meine Mutter operiert, doch die Operation abgebrochen. Zu sehr schon war die Krankheit eingewachsen in ihren Körper. Ich reiste sofort zurück, traf sie gelassen und ruhig. Wir sprachen miteinander wie lange nicht mehr, ohne jede Bitternis. Ihre Verwirrtheit war vollkommen verschwunden, sie hatte jetzt eine wirkliche Herausforderung gefunden. Es klingt sonderbar, aber ich hatte den Eindruck, als ob die Dramatik ihrer Situation eine Kraft in ihr freisetzte, die sie sonst nie Gelegenheit gefunden hatte einzusetzen. Ich brachte ihr eine Karte mit, die den Heiligen Christopherus zeigte im Moment, als er das Christuskind durch den Fluss trägt. Sie sah das Bild lange an und sagte endlich: »Das hätte ich auch so gerne gehabt in meinem Leben, jemanden, den ich hätte tragen dürfen.« Ich war überrascht, immer hatte ich angenommen, dass sie getragen werden wollte. Wir sprachen darüber, was uns getrennt hatte, oder vielmehr ich sprach davon. Sie ging damit so selbstverständlich um, als hätte sie die Gründe längst gewusst und es wäre meinetwegen gut, dass es ausgesprochen würde. Jetzt weiß ich, dass sie schon in einen anderen Raum eingetreten war, wo diese Zerwürfnisse keine Bedeutung mehr hatten angesichts der Liebe, mit der sie mit mir verbunden war.

In den folgenden Wochen blieb ich immer einige Tage in der Woche in Lübeck. Ende August starb sie. In der letzten Zeit konnte sie nicht mehr schlucken, wollte nur noch Saft trinken, roten Traubensaft, der ihr immer der liebste gewesen war und den sie sich auch geleistet hatte in den vielen Jahren, in denen sie mit wenig Geld auskommen musste.

Eines Tages bat sie mich, aus einem Versteck in ihrem Nachttisch die Schlaftabletten herauszuholen, die sie gesammelt hatte, um sie einzunehmen, wenn ihr die Schmerzen das Weiterleben unerträglich machen würden. Da sie die Tabletten nun nicht mehr schlucken konnte, sollte ich sie fortwerfen, damit die Schwestern nach ihrem Tod sie nicht finden würden. Sie begann stockend und mit langen Unterbrechungen plattdeutsche Lieder zu singen oder wiederholte suchend einen Abzählreim. Ich hatte sie niemals plattdeutsch sprechen hören, wusste nicht mal, dass sie es in ihrer Kindheit gesprochen hatte.

Einmal fragte sie erregt, als hätte sie eine Aufgabe nicht erledigt: »Habe ich versäumt, etwas zu denken?« So wie sie früher mich fragte, ob irgendetwas fehle im Haus, das zu besorgen wäre, weil sie Gäste erwartete. Der Satz ging mir lange nach. Ob sie vergessen hätte, irgendetwas zu denken, was noch fehlen könnte? Nein, das nicht. Es hatte nur der Tod gefehlt, dachte ich viel später. Er hatte den Schlußstein gesetzt, er war das, was wir nicht denken können.

Das letzte Mal empörte sie sich gegen einen von uns, als eine Verwandte ihr Saft aus einem Billigladen mitbrachte. Sie wurde zornig und weinte über diese erneute Demütigung, diese Missachtung und Herabsetzung, empfand wieder das Nicht-genug-geliebt-, Nicht-genug-geehrt-Werden, unter dem sie so oft gelitten hatte. Nie genug nach dem Maß, wie sie es notwendig hatte und wie sie selber durch ihre freigebige Art es oft versucht hatte vorzugeben. Sie war zu billig abgefunden worden, diese Kränkung war das Letzte, was sie noch einmal mit ihrem früheren Leben verband. Kurz darauf verschwand auch dieser Schatten und sie war nur noch konzentriert auf die immer stärker werdenden Schmerzen, die das Morphium kaum bezähmen konnte. Auch schien sie das Morphium nicht zu vertragen, sie fühlte eine schwindelnde Übelkeit, als risse man sie in stets größere Tiefen hinab. Sie schrie um Hilfe. Nichts als dieses eine Wort immer wieder: HILFE! wie eine Ertrinkende. Sie sah mich nicht. Ich hoffte, dass sie spürte, dass ich anwesend war. Doch konnte ich sie nicht erreichen mit meinen Worten.

Ich schlief die Nacht neben ihr in einem Bett, das man mir in ihr Zimmer gestellt hatte. Ihr Schreien wurde seltener, dazwischen war sie abwesend. Ich streichelte ihren Hals, von den Ohren zum Nacken hin, so wie sie es gerne gehabt hatte. Später begann ich, mich zu fürchten. So als würde sie mich mitnehmen können, mich vorzeitig hinabziehen in die luftigen jenseitigen Gewölbe, in die nun ihr Geist schon eindringen mochte. Vielleicht war es ihre ungelebte Kraft, die mich ängstigte, deretwegen sie so schwer starb und die mir plötzlich bedrohlich erschien. Ich fühlte mich von ihr festgehalten, als müsse sie mich mit sich reißen. War ich durch sie auf die Welt gekommen, so konnte sie auch die Macht haben, mich in ihren Tod mit einzuverleiben.

In der nächsten Nacht schlief ich im Hotel, bat, mich zu wecken, wenn es notwendig wäre, dass ich kommen sollte. Man unterließ es und rief mich am Morgen an. Sie war zwei Stunden vorher gestorben. Die Schwester entschuldigte sich, dass sie mich nicht angerufen hatte, als sie sah, dass es zu Ende ging. Ich sagte nichts darauf. Ich wusste plötzlich, dass ich nicht hatte dabeisein wollen, so als würde der Tod in mich eindringen können in dem Augenblick, da er sie in Besitz nahm. Als würde sie im letzten Augenblick auch mich mitnehmen – und das gegen alle Vernunftgründe und Gründe der Liebe. Die Schwester hatte unwillkürlich das getan, aus Nachlässigkeit oder weil zu viel zu tun gewesen war, was ich selber mir insgeheim gewünscht hatte, was ich aber nie und nimmer zugegeben hätte, denn in dieser Zeit spielte ich keine Rolle. Ich war da, um bei ihr zu sein, um in Lübeck zu sein, Teil meiner Familie, die Tochter, verantwortlich ihr beizustehen während sie starb. Doch ich hatte versagt, ich hatte sie im Stich gelassen. Es war kein Zufall.

»Ich war so allein.« Das war der letzte Satz, den ich von ihr hörte. Sie sagte ihn einige Tage zuvor, als ich wieder nach Lübeck zurückgekommen war und sie mich noch einmal erkannte hatte. »Ich war so allein.« Sie sah müde und erschrocken aus im Tod.

Ich küsste ihr Gesicht, bat um Verzeihung. Einmal klingelte das Telefon und als ich an den Apparat ging, rief eine fröhliche Stimme: »Ich wollte dir nur guten Morgen sagen, liebe Lisa.« Es war ein Freund meines Bruders, mit dem sie seit unserer Kindheit in Verbindung stand. Als ich mich meldete, fragte er: »Kommt sie nicht mehr ans Telefon?«

Einige Tage nach ihrem Tod hatte ich die Vorstellung, sie würde ungehindert frei in der Sphäre über mir dahinstürmen, lachend und ihrer selbst gewiss, wie ich sie nur in meiner frühesten Kindheit gekannt hatte.

Wenn der Morgen gleich dem Beginn des Lebens ist – ich erinnere mich an ein Bild von Philipp Otto Runge, das Neugeborene auf dem Rücken liegend, mit zum Himmelslicht lustvoll ausgestreckten Armen und Beinen – so steht der Abend für das Altgewordene, das Versinken in die Nacht, das Verlöschen der Farben des Lebens, das abtaucht, um wieder neu zu erstehen.

30.12. Die Grenze zum Land, in dem ich früher lebte, hat sich hinter mir geschlossen. Ich bin im Alter angekommen. Ich richte mich ein, aber nicht auf Dauer. Aufmerksam leben, als ob ich eine Schlange beobachte.

31.12. Mitternacht. Wir sehen das herrlichste Feuerwerk, prunkvoll farbige Bilder am Himmel, schwebende Ringe, die ineinander fliegen, und verglühende rote Lampionstäbe, die lange am Himmel stehen, während Lichter wie brennender Staubregen vom Himmel stürzen und andere sich erheben wie Fontänen. Das alles ist durch den leichten Nebel verwischt, der in dieser Nacht herrscht, so von einer malerischen Präsenz und in seiner Schönheit verdoppelt durch das Wasser des Flusses, in dem sich die Farben spiegeln.

»Botschaften für die Götter«, sagt unser japanischer Gast. In seiner Heimat haben die Bilder, die durch das Feuerwerk am Himmel entstehen und wie sie einander folgen, präzise Bedeutungen. Wieder das Thema der Bedeutungen. Ohne Verbindung zum Größeren muss alles beliebig erscheinen, kann alles gemacht werden, doch nichts ist sinnvoll.

Auf den Straßen jetzt nur vereinzelt das Explodieren versprengter Feuerwerkskörper. Dunkel noch der junge Tag. Das Neue Jahr beginnt.